她能力

探寻女性思维的真相

[美]崔西·帕克安姆·艾洛维（Tracy Packiam Alloway, PhD） 著

钱屏匀 译

中国出版集团
中译出版社

图书在版编目（CIP）数据

她能力：探寻女性思维的真相 /（美）崔西·帕克安姆·艾洛维著；钱屏匀译 . -- 北京：中译出版社，2022.7（2023.2 重印）

书名原文：Think like a girl
ISBN 978-7-5001-6815-7

Ⅰ.①她… Ⅱ.①崔… ②钱… Ⅲ.①女性－逻辑思维－通俗读物 Ⅳ.①B804.1-49

中国版本图书馆 CIP 数据核字（2021）第 272399 号

北京市版权局著作权合同登记号
图字：01-2021-5078

Think Like a Girl
Copyright © 2021 by Tracy Alloway
Simplified Chinese edition published by arrangement with Zondervan, a subsidiary of HarperCollins Christian Publishing, Inc. through The Artemis Agency.
The simplified Chinese translation copyrights © 2022 by China Translation and Publishing House
ALL RIGHTS RESERVED

出版发行	中译出版社
地　　址	北京市西城区新街口外大街 28 号普天德胜大厦主楼 4 层
电　　话	(010) 68359719
邮　　编	100088
电子邮箱	book@ctph.com.cn
网　　址	http://www.ctph.com.cn
策划编辑	刘香玲　张　旭
责任编辑	刘香玲　张　旭
文字编辑	张莞嘉
营销编辑	毕竞方
封面设计	潘　峰
印　　刷	北京顶佳世纪印刷有限公司
经　　销	新华书店
版权支持	马燕琦　王立萌　王少甫
排　　版	北京竹页文化传媒有限公司
规　　格	880mm×1230mm　1/32
印　　张	6.5
字　　数	280 千
版　　次	2022 年 7 月第 1 版
印　　次	2023 年 2 月第 2 次

ISBN 978-7-5001-6815-7　定价：58.00 元

版权所有　侵权必究
中译出版社

献给祖母瑞塔

坚定不屈、勇于冒险的你,立于时代的潮头,
指引我前路的方向。
当你俯首凝望人间,愿为我骄傲!
爱你!

前　言

对许多人来说，感叹号不过是一个标点符号而已。但对南希·卡马洛塔而言，此刻看到的这个感叹号很怪，非常怪。她趴在桌上，盯着这封邮件看。此时她还不知道，德勤咨询公司已经制定了针对男女分别实施的销售新战略，这一新战略来自德勤副总裁兼项目管理负责人凯西·本柯的创意。考虑到女性企业家选购服务的方式与男性不同，凯西·本柯鼓励团队去探究"女性从何而来"[1]。而她，南希·卡马洛塔，是第一批受众之一。

这道理本柯是吃了大亏才明白的。就在两年前，她的团队丢了一个价值数百万美元的大单，客户是一家医院。起初，团队成员满脑子的疑问，自己究竟哪里做错了？他们花了大量时间反复推敲推销话术，关注潜在客户的立场。在工作陈述中，团队成员也是胸有成竹，认为自己已经圆满回答了客户提出的所有问题。但是，据本柯团队的高级合伙人之一比尔·皮斯特事后称，谈判中团队和客户之间应有的"融洽感"消失了，双方对话根本不在同一个频道上。后来，皮斯特才意识到谈判破裂的真正原因：医院方派出的代表有一半都是女性。在这样的高风险交易谈判中，团队本应该花大力气改变自己的宣传手段来迎合受众，但他们却忽略了。

自那次事件起，本柯在职场中便开始改变措施，积极适应女性需求。小到邮件中的标点、谈判中的座次安排，大到采购行为，无一不认真对待。当时令本柯感到奇怪的是，她发现分析学家对女性采购行为的研究屈指可数。于是，皮斯特与本柯决定要自己做研究。两人采访了来自十八个大型机构的男性和女性，在吸收受访者见解的基础上，他们制定了一本有助于了解职场女性决策行为的手册[2]。

凯西·本柯是这一领域的拓荒者。她意识到企业在迎合不断增长的市场方面做得还不够，这对商业发展相当不利。她还发现，关于女性如何思考、如何解决问题的研究很少能走出学术象牙塔，走向大众。

本书填补了这一空白。这本书要说的不是女性如何比男性好，也不是女性如何被这个世界误解。这是一本我希望自己当年在一路走向成年的过程中就已经读过的书。它认真审视女性听到的言论，分析女性自己信以为真的刻板印象，破除女性烂熟于心的陈词滥调。然后一一揭开帷幕，让你看到真相，看到女性大脑中的真实活动。

尽管大量证据表明女性与男性的大脑结构不同，但始终没有明确定论。本书无意对男性和女性进行划分，而是将二者行为置于同一波动范围内进行考察。比起以"好"或"坏"来界定二者的行为，"适合"或"不适合"更为妥当。毕竟，正如我们将在整本书中看到的那样，不同的情境可以将一种所谓"好"的行为变成"坏"的行为。

女性大脑不同于男性。越来越多的研究让我们了解到，这种差异随女性年龄的增长而发展、变化。尽管人类对大脑的认知与理解已取得了巨大进展，但在涉及日常行为时，我们在很多方面仍然会采取对男女不加区分的"一刀切"式研究方法。随意浏览任何一篇论文，你就会立刻发现，这些研究在分析过程中很少涉及男女差异对研究结果的影响。

这有什么要紧呢？这恰恰很重要。因为身为女性，我们常常会低估自己的能力，轻视自己的成就，或者因为提了个问题就向人道歉。在最近的一次会议上，我称赞了一位女演讲人的发言。她却立刻回我："这不算什么，你该听听我同事的成果！"这种反应司空见惯。美国康奈尔大学的一项研究表明，女性往往会低估自己的能力和表现，男性却不同，他们会高估自己。事实上，研究人员发现，女性与男性的表现，无论在质量还是数量上都没有差别[3]。

作为女性，我们深受"假冒者综合征"之害。我们常常会怀疑，自己真的足够好吗？此处有数据为证——一家位列世界 500 强企业的报告显示，男性即使在自身能力只能达到岗位要求 60% 的情况下也会去应聘；而女性不同，她们只有在觉得自己100%合格时，才会去投简历！[4]

同为女性，作为一名心理学家，我对女性能力和行为两者间的脱节现象兴趣浓厚。我一直在研究"工作记忆"，并已有若干重大成果问世。在此之前，这一直是一个比较冷门的脑科学分支。"工作记忆"非常关键，它能够帮助人类大脑在短时期内储存信息，同时屏蔽所有外界干扰，利用这些信息数据完成任务。在研究中我发现：女性大脑在关键之处呈现出与男性不同的处理信息的方式，因此我开始将研究和调查的重心聚焦至女性大脑。越是深入探究这一新奇有趣的领域，我便越来越集中关注这些问题——女性如何能从这些发现中受益？如何利用这些知识来为自身服务？

在做巡回演讲的时候，我向多家世界500强企业分享了自己对大脑的见解，这些企业包括保诚集团、世界银行、荷兰和骑士律师事务所、黑骑士金融服务公司。过去几年里，越来越多的企业和妇女组织，如全美女企业家协会（该协会为全美上千家女性老板的企业代言发声）的各地分会邀请我授课，讲授女性大脑的独特之处，教她们如何发挥自己的大脑能力。目前，我出现在各大媒体，成为大脑信息处理能力的发言人，负责向公众介绍女性该如何运用自身大脑的独特优势，在日常生活的方方面面做到出类拔萃。你可能在《早安，美国》节目上见过我，听过我的TEDx演讲，又或者在其他几十家媒体上见过我。你可能在《纽约时报》《华尔街日报》《福布斯》

或彭博社新闻里读过我的研究成果，或者看过我15本著作里的其中一本。你也可以看看2018年5月美国广播公司（ABC）和美国全国广播公司（NBC）新推出的系列剧《这就是我》节目，他们对我的研究领域——探索女性如何在日常生活中将工作记忆力实现最优化，提升认知和决策水平，在工作中加强自身能力——进行了深度报道。在这个节目中，我对人在经历各种情绪体验（例如面临工作压力或焦虑）时的大脑活动进行了专业解说。通过心理咨询，我帮助许多女性学会了如何运用自己独一无二的大脑，活出精彩的人生。

言归正传，现在就让我来与你分享这十个能发动、发展、发掘女性大脑潜能的锦囊吧！

目 录

第一部分　决策脑

第一章　压力之下的大脑　　　　　　　　　　3
　　　　　为女性献计献策：压力山大，如何正确抉择
第二章　冒险的大脑　　　　　　　　　　　　17
　　　　　女性评估风险的独特方式

第二部分　爱情脑

第三章　浪漫的大脑　　　　　　　　　　　　35
　　　　　择偶，女性真正该寻求的是什么
第四章　建立联系的大脑　　　　　　　　　　53
　　　　　了解后叶催产素的作用

第三部分　智慧脑

第五章　"撒谎，撒谎，裤子烧光"　　　　　　77
　　　　　女性为何撒谎？撒谎为何重要？
第六章　创意十足的大脑　　　　　　　　　　93
　　　　　释放你独一无二的创意才能

第四部分　感觉脑

第七章	快乐的大脑	113
	培养健康快乐大脑的好习惯	
第八章	慷慨的大脑	127
	女性赠予行为的背后	

第五部分　领袖脑

第九章	共情的大脑	145
	重新定义职场共情	
第十章	领导者的大脑	161
	破除"女性必须运用男性的领导方式才能成功"的谬论	

尾　声	一切只是开始	175
致　谢		177
注　释		179

第一部分

决策脑

第一章

压力之下的大脑

为女性献计献策：压力山大，如何正确抉择

"犯规，摔球拍，罚分，威廉姆斯女士。"此时 ESPN 电视台①将演播镜头推近放大，对准了球场上那把已经被摔烂的球拍，气氛异常紧张。这是 2018 年美国网球公开赛决赛的一幕。当时，塞琳娜·威廉姆斯只需再赢一场，就可以追平女子单打 24 个大满贯冠军的历史纪录。

然而，事情没那么顺利。

这已经是她本场比赛第二次被罚分了。第一次是一个

---

① 美国娱乐与体育电视台，现为全球影响力最大的有线体育电视网。——译者注

有争议的违规判罚，因为裁判声称看到威廉姆斯的教练向她竖起大拇指，涉嫌暗中进行现场指导。此刻她又面临第二次判罚。对此，威廉姆斯的回应是：要求裁判向她道歉，因为他"攻击了（她的）人格"，而且"暗示她比赛作弊"。她摘下毛巾，眼神直逼裁判："你偷走了我的一分，你才是个贼。"[1] 说完她便起身径直走开了。"犯规，言语攻击，此局判负，威廉姆斯女士。"[2] 结果，她输了这局，也输了这盘，更输了整场比赛。

那一次塞琳娜·威廉姆斯针对裁判的反应引发了激烈争论。对于她的行为，有人支持，有人批评。现场多达两万名观众都站在她这一边，对裁判的判罚报以讥讽和嘘声。但也不乏尖锐批评，有人将她的反应比作"四岁小孩耍性子"。[3] 这么一来，更加深了那种误解：女性在压力下容易情绪化，进而做出错误的决定。

曾经39次夺得网球大满贯（12次单打，其余为双打）的传奇巨星比利·简·金深谙女性的这种情绪化心理。她认为："女性一旦感情用事，就会变得歇斯底里，最终为之付出代价。而同样的事情若发生在男性身上，他们则会'明刀明枪、不服就干'，最后却不会产生什么消极影响。"她说得没错。比方说那一次，2016年美国俄亥俄州辛辛那提网球大师杯比赛中，三次大满贯得主安迪·穆雷心里不爽，对准一名裁判的脑袋就是一脚球。然而他没受到任何判罚。媒体笑讽他"为了炫一下自己的足球球技。"[4] 罗杰·费德勒在2009年美国网球公开赛男子组决赛中，对着裁判数次骂骂咧咧，最后得到的不过是个相当于警告的惩戒——罚了一小笔钱，而不是比赛罚分。安德鲁·阿加西在1990年美国网球公开赛时也同样辱骂裁判，甚至朝他吐口水，被罚分了吗？没有，结果只不过是在比赛五天之后被处以一笔罚款。

> **误 解**
>
> 压力之下，女性容易做出情绪化的决定。

从电视镜头中我们可以看到，在威廉姆斯第一次被罚分时，她选择了对话的方式与裁判沟通，这说明她非常冷静，甚至对裁判很尊重。在接下来的记者招待会上，她为自己刚才的行为辩护道："裁判从来不会因为一名男选手骂他们是贼，而让他输掉一场比赛。"[5]因此自己这样做，目的就是希望裁判在对待男选手和女选手时用同一标准。她补充道："我就是觉得，今天必须这么做。对于后来者而言，我今天的行为就是一个示范，可以让她们知道：只要自己有情感，想说出心里话，想成为一名坚强的女性，那么这样的举动就合情合理。"[6]

对于男女在竞技场上遇到压力时的情绪反应，社会认知中的确存在双重标准。那么，科学的说法又是怎样的呢？在做决策时，压力究竟是怎样影响男女大脑的呢？

心理学家认为，人类在做决定的时候，大脑的运行会遵循两条路径。一条是由杏仁核控制的感性路径，另外一条是由前额叶皮质控制的理性路径。在面对因为掺杂了情感因素而难以抉择的情况下，杏仁核就会发挥作用。神经生物学家兰瑞·卡希尔教授主编的一本神经科学期刊，全部篇幅都用来帮助人们理解大脑功能如何以不同的方式影响着男性和女性。[7]首先，男性的杏仁核比女性的大，二者的运行方式也不一样。心理学家认为，尽管男性和女性同样看重决定之后的最终结果，尤其是面对道德上的两难处境时更是如此，但是女性显然更关心如何规避伤害。这就意味着，女性更有可能避免做"理性"决定而倾向于做"感性"决定。可以想见，这种推论有时候确实成立。但是，我们也完全可以立刻叫停这种看法，勇敢推翻人们心中这种默认的女性容易做"感性"决定的刻板印象。

失控的电车

艾莉森在椅子上不安地动来动去。"我没法选择，真的选不了，太难了。"她把背挺起，使劲靠在椅子上，一只手紧张地拉着另一只手手指上戴着的环扣，"我能跳过这个选项吗？"

此刻艾莉森坐在我的实验室里，面对着一方电脑屏幕。屏幕上正播放着一幕熟悉的场景。数十年来，哲学家们一直用这幕场景来探求人们在关乎道德问题时如何做决定。这个场景的构建很简单：你会不会为了救五个人而杀一个人？在屏幕上，你看到一辆失控的电车正在轨道上飞驰，此时如果你拉下操纵杆，就可以让电车换一条轨道，救下毫不知情站在前方路上的那五个人。但是，这种思考性试验往往会埋一个雷。现在，这个雷就是：如果你拉下操纵杆使电车换了条轨道，那就意味着电车会撞上那个站在第二条轨道上的人。而他的死，是你一手造成的！

我使用的这台仪器测出了艾莉森对压力的生理反应。这个仪器有时候被叫作"真相仪"，因为它会暴露人的言语试图隐藏的事实，测试出人的身体遇到突发性刺激时的真实反应。刺激感加强，肾上腺素会上升，人体就会微微出汗。系在艾莉森手指上的环扣就是用来测量这项指标的。这个仪器的有趣之处在于，它不会告诉我艾莉森是开心、伤心还是害怕。它只能告诉我，她的情绪有多紧张。就在这会儿，她的紧张感越来越强烈了。

幸运的是，此前已经有更加精密的仪器测量出人类在遇到关乎道德层面的情况时会怎么选择了。心理学家乔舒·格林纳（他的学术之路起步于哲学）发现：当女性面对道德困境——杀死一条生命，即使这种行为能够挽救另外五条生命——的时候，她们并不总是选择"以结果论对错"的方法，这说明女性不一定认可"为了达到目的，可以不择手段"的观念。相反，她们对这种做法往往会表现出强烈的情绪反应，至少在大脑中是这样显示的。

当格林纳把受访者置于功能性磁共振成像仪中时，他发现，拉下操纵杆的决定和前额叶皮质的活动同步。这意味着，这是思考过的、有意识的理性决定。与此相反，在这个场景的另外一个衍生版本中，受访者直接一手导致了那个站在第二条轨道上的无辜行人的死亡（这个版本中没有操纵杆，受访者面临的选择是：是否要把那个无辜行人推到轨道上挡住失控的电车，以拯救另外五个人）。当受访者选择去推那个人时，他们的杏仁核——大脑情感的中枢——正处于被激活的状态。[8]也就是说，推人动作是一个由情感控制的感性决定。

2019年，格林纳在接受《大脑世界》杂志的采访时，将大脑中这两条做决定的不同路径描绘为一台数码单反相机。他说："你有两种方式，两个选择。一种是自动设置模式（情感大脑），另一种是手动设置模式（理性大脑）。那么，拍照片用哪种方式更好呢？答案是：哪一种都不是绝对意义上的更好。手动模式和自动模式的优势因场景而异。如果你正在拍摄一些标准照片，脑子里已经有了很清晰的目标，那么自动模式可能是比较好的。但是如果你想有点儿创意，而这种创意又是照相机制造商想象不到的话，那么你肯定想用手动模式。"[9]在我们每天遇到的关乎道德的常见问题中，自动模式处于恒常工作状态。它时刻提醒我们：不能撒谎，不能偷盗。但是，当遇到更复杂的伦理道德困

> **真 相**
>
> 女性在许多情况下确实会开启自动模式，依循情感路径做决定。但是，如果知道该如何按停大脑的情感开关，她们一样能做出理性决定。

境时，我们就需要用手动模式了。

研究表明，女性往往希望避免对他人造成伤害，所以她们在做决定的时候更倾向于选择情感路径。但这种倾向会不会帮助她做出更好的决定呢？这得视情况而定。女性的情感大脑非常强大，当面临决定的时候，它能够帮助她把焦点从自身转移开去，优先考虑别人。但是，如果她由于担心自己的决定会对其他人（比如说她现在的老板）造成负面影响，所以必须放弃她想要的某些东西（比如说一个更好的工作机会），此时选择自动模式可能就不太妙了。那么，怎样才能在这种时刻关闭自动模式，做出比较理性的决定呢？答案出乎意料，它就藏在她老想躲开的那种认知和行为体验中，那就是：压力。

电车实验

曾经有一百多个人坐在我的实验室里，听我给他们出不同的道德难题，艾莉森只是其中一位。不过受访者还不仅仅是回答问题或做出选择。在有些难题实验中，我要求艾莉森和其他参与者把自己的左手放进一桶温度大约为34华氏度（约1摄氏度）的冰水中一分钟——这么做是为了提高压力程度。当大脑探测到有一个施压物（此时冰水就是外在的施压物）的时候，连锁反应发生了：大脑组织中负责对压力做出反应的下丘脑开始激活部分自主神经系统，然后释放出肾上腺素，为接下来到底是与压力（冰水）搏斗还是当逃兵做准备。

纯粹出于好玩的目的，我又加了另外一个压力源，这一次是一个认知型施压物。我让艾莉森和其他人一边听我出道德难题，一边从 100 开始，隔 6 个数进行倒数（即 100，94，88……）。已有研究证明：给大脑增加计算任务也会使压力感上升。事实证明确实如此——艾莉森和其他参与者汇报说：当她们尽可能又快又准地倒数时，内心感到压力更大了。他们手指上扣着的探测环扣也提供了进一步证明：受访者在数数的时候，明显比没有数数的时候出汗厉害得多。但是她们最终做成了。

事实证明，生理型和认知型压力源都能改变女性默认的做决定的策略。为了完成实验，生理型压力源（冰水）和认知型压力源（倒数）在她们的大脑中按下了开关键，将她们起初的情感反应转变为更理性的反应。现在，再将电车难题放到女性受访者面前的时候，她们不再逃避做决定。相反，更多人选择牺牲一个人以成全大多数人的利益。

这是为什么呢？女性在遇到难以抉择的情感决定时，默认模式就是减少伤害，这主要依赖杏仁核的功能去完成。但是，如果此时出现了一个压力源，杏仁核就会被占用——它会率先发出警报来应对压力源。接着当压力源被转移走后，杏仁核就会松懈下来，暂时失去活性。而这就为后面掌管大脑理性部分的前额叶皮质的介入与操控创造了短暂时机。前额叶皮质位于大脑的前端，所处位置甚佳。它就像一名管理者，尽管我们有时候也会做出冲动或者不合情理的举动，但其他时候它会负责管控好我们的认知行为。

开启你的理性大脑

来自意大利的一组科学家想知道当男性和女性必须在理智和情感中做出选择的时候，他/她们的前额叶皮质分别是怎么运作的。[10] 于是他们采用了一种叫作经颅直流电刺激的技术。这项技术比较温和，使用较短的磁脉冲来刺激大脑的特定区域。与我在实验室里利用压力源所得出的结论一样，他们发现男性和女性的大脑对磁脉冲的反应不同。对女性的前额叶皮质发出刺激会改变她们对于电车难题的答案：更多人倾向做出理性决定。但是对于男性而言，没有改变，一切如旧。

为什么磁脉冲会按停女性大脑的情感开关呢？这是因为当女性要做出一个道德层面的艰难决定时，她们更多关注的是如何避免直接对他人造成伤害。虽然前额叶皮质提醒她们要锁定能够使大多数人获益的决定，但是女性的天性将这种信息的作用弱

> **真 相**
>
> 在压力之下，女性做出的理性决定多于感性决定。

化了。而磁脉冲的作用就在于用刺激的方式增强了前额叶皮质的功能，这种刺激足够令女性在面临道德难题时改变关注点。

如果你想关闭自己的情感大脑，那么压力是一个很有用的工具。短时压力（仅一分钟即可）会使你的情感大脑超负荷，这样一来你就能按停情感开关，启动自己的理性大脑。来自外部的压力源（比方说将手放在冰水里一分钟），就能起到这样的作用。当你的杏仁核疲于应付将手放在冰水中所引起的生理不适时，前额叶皮质就有了思考一个更为理性客观决定的最佳时机。此外，利用认知型压力源（比方说从 100 开始，隔 6 个数进行倒数）是另外一种能够帮你减少情感大脑参与度的方法，从而把机会留给理性大脑，使你做出更明智的决定。

从电车到小汽车

通用公司的首位女性首席执行官玛丽·芭拉对于如何在压力下做出正确的决定并不陌生。当年，就在通用公司经历汽车行业史上最糟糕的安全危机之时，她受到提拔出任首席执行官。由于没能召回点火开关装置出问题的汽车，通用公司面临审查。要知道，因为点火开关存在缺陷导致的交通事故已经造成 124 人死亡，275 人受伤。面对危机，芭拉动作很快。她请来了第三方专家立即展开内部调查，并任命了新的全球车辆安全副总裁。随后又亲自监督三千多万辆汽车的召回工作。最终她的努力得到了回报——由于在极短时间内与联邦协调员达成了一致，她受到公司上下一致认可。[11]

芭拉可以说是通用的终身员工了——在升任首席执行官之前，她已经在通用待了33年。高效素来是她的领导风格。5年前，作为公司人力资源主管的她将长达10页的公司着装规定凝练为两个字：得体。然而，当她出任首席执行官、接管通用之后，许多人认为她的晋升并不是能力和成功的象征，而只不过是"玻璃悬崖"的另一个现实例子罢了。

"玻璃悬崖"这一术语由两位英国心理学家发明，指的是职场中的一种现象：公司在遭遇危机时，会倾向于选择由女性担任高管，但是所面临的困境会导致她们在工作中遭遇高风险，一旦无法胜任，就会立即被一脚踢开。[12] 然而，芭拉最终改变了人们的这种刻板印象。虽然她确实是临危受命，但通用公司在芭拉做掌门人之前的6年里，已经换过5名男性首席执行官了。事实证明，芭拉被任命之后的五年里，依然将通用公司打理得井井有条。

2018年，当通用公司宣布关闭部分工厂进而导致约14,000名工人失业之时，芭拉再一次登上报纸头条。如果将通用的这一决定和之前假设的电车难题进行对比，你会发现很有意思。因为在这两件事中，都是为了大多数人获得利益而做出了某种牺牲：在电车难题中是为了救5个人的性命；而在通用公司的事例中是为了"使经济增长成为公司文化"（芭拉是这么认为的，当然不是每个人都这么想）。通用公司和芭拉因为这个决策站到了风口浪尖——既受到国会的质疑，认为他们这是在政府紧急援助之后的背叛；也遭到工人们的质疑，大家觉得芭拉之前骗取了他们对通用公司的忠诚。

科学研究告诉我们，当我们面对掺杂了情感因素的艰难抉择时，杏仁核就开始发挥作用。在通用事例中，芭拉所面临的是忠于公司的员工遭遇下岗；而在电车难题的假设中，无辜的人会遭遇横死。别忘了，女性的典型做法就是规避伤害，所以她们更可能选择顺从情感来做决定。

但是芭拉并没有这么做。表面上看，关掉工厂的决定好像造成了直接伤害——成千上万的通用员工遭遇下岗。但实际上，这是一个更为理性的决定，一个令大多数人受益的决定：为了公司的成长。

从冰块到磁脉冲

所以问题来了，为什么芭拉的行为与科学预期恰好相反呢？这正是因为压力。之前在处理召回事件引发的安全危机的时候，芭拉并没有不理会自己的情感大脑。事实上，她做的决定都是为了对汽车事故受害者的家属做出弥补。她是这么说的："我设身处地地为他们考虑，保证他们的心声被尊重。"[13] 确实，她并不只是动动嘴皮子而已，而是花了大量时间倾听受害者家属的诉苦，真诚地向他们道歉。目睹他们遭受的痛苦，她深受触动。数个报道称，与受害者家属碰面时，总能看到她眼里噙着泪花而拼命忍住。

但她最终做出的是一个为大多数人利益着想的，并且经过深思熟虑的理性决定。她是怎样唤醒前额叶皮质的呢？所需要的不过是一点压力而已。

如果你发现自己正处于需要做出理性决定的时刻，但同时又感到自己受到情感的控制，那么，也许一桶冰水会是你最好的新朋友。

总结：女性做出情感决定是因为想避免对他人造成伤害。但是在压力之下，女性通常能做出理性决定。

用女性的方式思考

做决定时，运用压力来关闭自己的情感大脑，启动理性大脑。

1. **冷却法**

    试着增加外在的压力，比方说把手伸到冰水里一分钟。

2. 数数法

增加认知型压力，比方说从100开始，隔6位数倒数（100, 94, 88, 82……）或隔3位数倒数（100, 97, 94, 91……）。

第二章

冒险的大脑

女性评估风险的独特方式

阿噜!

伊登向我举起她的大拇指,"你瞧,那根带刺的铁丝割破了我的手指!"说话时我们正舒舒服服地坐在电视台演播室的沙发椅上。伊登是斯巴达勇士,不过她和其他的斯巴达勇士不一样,她是一个已经数次走上领奖台的斯巴达勇士(在她那个年龄组,她多次获得全国斯巴达勇士赛[①]的奖牌,包括野兽赛)。斯巴达野兽赛是一项非常艰

---

① 斯巴达勇士赛是一项系列障碍赛,包含四个级别的核心赛事(竞速赛、超级赛、野兽赛和超级野兽赛)。——译者注

苦的半程马拉松赛事，行程中随处都是几乎不可逾越的障碍，例如攀登倒斜角的滑墙、在有倒刺的铁丝下爬行等。斯巴达勇士网站上号称这些运动可以"挑战你身上每一根肌肉纤维"。[1]斯巴达勇士赛目前在世界6个大洲40多个国家盛行，赢得了许多健身爱好者的痴迷和喜爱。

和其他社群一样，斯巴达勇士有属于自己的励志方式——各种体能训练以及以儿童赛为主的家庭赛事。他们甚至还有自己的口号：阿噜！正如一位斯巴达竞技大使在红迪网[①]上写的那样："当我们特别兴奋或无比赞同某人时，我们就会说'阿噜'"。

伊登是一名电视节目主持人，她告诉我，自己常会因为运动损伤留下的伤痕而受到观众议论，比如"你为什么要让自己的腿变成那个样子？""你不知道自己是电视节目主持人吗？"说到这儿，她停下来，朝我咧开嘴笑了，"我为什么要那么做？因为比赛实在太有趣了！这是一种冒险，而我喜欢尝试新事物！"在伊登主持的《清晨秀》节目中，我很荣幸经常作为嘉宾出席，我和她共事已有好几年了。这段时间她一直想说服我参加斯巴达勇士赛。不过显然，她那根面目全非的大拇指没什么说服力。但我想知道的是，斯巴达勇士赛和我小时候玩的游戏真的那么不一样吗？

我小时候是那种有着两个"紫膝盖"的女孩子。因

---

① 红迪网（Reddit）是一个社交新闻网站，其口号是：来自互联网的声音，先于新闻发声。——译者注

为我在马来西亚长大,所以有许多的户外活动时间。那时候,电视节目要到晚上才有,而且平时大人们也不允许我们多看电视。还好我们家附近绿树环绕,旁边还有个公园。我最喜欢玩云梯,常常会开心地玩上一下午,从一根横杆荡到另一根横杆。当然有时会摔下来,于是妈妈会很快跑过来,在我的膝盖上涂一些碘酒。那亮亮的紫色不时地在提醒我:即便是很开心的活动也会带来风险。那是当然的,但就这点小伤,怎么可能阻止我第二天再来玩呢!

你现在还玩云梯吗?长大成人后,我们似乎已经失去了儿时的勇气,小时候觉得有趣和让人兴奋的活动,如今在我们眼中却很危险。

> **误 解**
>
> 女性不如男性敢冒险。

伊登向我描述了斯巴达勇士赛中云梯的样子,那可不是你在游乐场看到的那种普通云梯!当你伸出手想要抓住横杆的时候,它却每时每刻都在转动。这些横杆离地有 8 英尺高(约 244 厘米),而且在不停地升降。为了增加挑战性,横杆与横杆之间的距离设置为约 2 英尺(约 61 厘米)。也就是说,如果你没有迈克尔·菲尔普斯[①]那么幸运(有像他那么长的臂展),你就得拼了命地往前够,祈祷自己不要摔下来。哦,对了,底下没有安全网。

---

① 美国职业游泳运动员,臂展 2.075 米。——译者注

大量研究表明，女性不如男性那样愿意冒险。但是伊登却并不把斯巴达勇士赛那种运动看得很危险。她说："我训练得很艰苦。每次看到一个新的障碍物，我就想：'恐怕过不了这一关了'。但是一步一步走下去，我成功了。因为我做好了计划，所以我知道等待我的将会是什么。"[2] "伊登是不是个怪人？"我暗自心想。

但是，当我认真研究相关数据时，我注意到有些结论其实是不对的。通常有关冒险的研究问题本身就带有偏见，认为冒险是所谓的"男性"活动。但是，英国研究人员却给出了不一样的答案。他们没有使用传统意义上用来衡量勇气的"男性"活动做标准，比如重金赌球，而是加入了一些新的活动。结果发现，在敢于冒险方面，女性认为自己不亚于，甚至超过男性。[3]

多少风险算多？

在深入探讨女性如何做冒险决定之前，我们先来问一个问题，什么是风险？美国马里兰大学的詹姆斯·拜恩斯教授和同事们在定义冒险行为时，一定程度上以某种行为产生的负面效应作参照，例如他们认为，那些无厘头搞怪秀都属于冒险。[4]

那么障碍跑怎么就被认为危险了呢？让我们先将"负面效应"定义为"受伤比例"。障碍跑通常都是在户外举行，其中包括游泳。你得在那些"不友好地带"（如表面结了冰的湖区和沼泽水域）里屏住呼吸。不难想象，在这种地方受伤的风险将会是你在家门口悠闲跑步的四倍。一位医生说："胜利对于障碍跑来说并非目标。越过终点线时还能站得笔直，那才是目标。"[5]

障碍跑选手们的讲述进一步强化了这是一项高风险的运动的观念。喝了泥水之后会感染，细树枝戳进脚会感染，长时间处于低体温状态也会感染。在这项运动中，不仅是障碍物让选手们相互比拼，伤痛也一样会——运动员们都希望有超过别人的吹嘘资本。其实，实际受伤的数据并不像传说中那么吓人。一项研究对33场障碍赛的现场报道进行了调查，发现在总共7万多名运动员中，仅有2.4%的人受伤。在这些受伤人员中，仅有1%的人需要急救，包括骨折、脱水（只有一名运动员）以及中暑（也仅有一名运动员）。大部分是割伤、擦伤、拉伤和扭伤，当场即可治疗。[6]

这就是通常对风险的理解。在做冒险决定时，人们的立足点不是实际受伤的人数，而是自身对风险的认识。让我们看看一项常见的体育锻炼——跑步——中的实际受伤人数。美国哈佛大学医学院的研究表明：每年全世界有30%~75%的跑步者会受伤，其中最多的是重复性压力损伤。[7]可是我们大部分人都觉得跑步比完成一次障碍跑的风险要小得多（当然，如果一个人在一年内多次参加障碍跑的话，那么二者受伤百分比会接近些）。从中可以明显看到的是，人们在脑海中设想的风险要高于实际风险。

实际风险 vs. 想象风险

新闻报道中的受伤人数只是衡量某些活动风险的一种办法，还有一种更加惊人的计算方法：猝死可能性。"微死亡"理论可用来说明这种情况。"微死亡率"指的是参加一次活动的风险概率，等同于百万分之一的死亡率。像马拉松那样的健康运动，每跑一次为7微死亡率。这个比率非常接近跳伞运动——每一跳是10微死亡率。[8] 这个数字听上去很小，但是比起驾车的风险，算是很大了。驾车时，每开333英里（约536千米）只有1微死亡率！

为了更清楚地说明人们对于风险的想象，获得对这个问题的真实认知，我要借用一下社交媒体。我让自己照片墙①上的25,000名粉丝在以下两个选项中选出哪个风险更小，后图显示了他们的选择以及各选择微死亡率的比较。

---

① Instagram 是一款运行在移动端上的社交应用，以快速、有趣的方式将用户随时抓拍下的图片实现共享。——译者注

	跑步	vs.	跳伞
认为危险系数更高的人数百分比	32%		68%
微死亡率（实际风险）	7微死亡率/次		10微死亡率/次

	游泳	vs.	驾车333英里（约536千米）
认为危险系数更高的人数百分比	22%		78%
微死亡率（实际风险）	12微死亡率（溺水概率）		1微死亡率

	骑车28英里（约45千米）	vs.	滑雪
认为危险系数更高的人数百分比	24%		76%
微死亡率（实际风险）	1微死亡率		<1微死亡率/天

照片墙上的反馈非常清楚地表明，我们对于什么活动真正有风险出现了判断错误。每天你可能都在进行一些相对风险较高的运动，如跑步、游泳和骑自行车。之所以如此，部分原因是你认为它们是低风险运动。（当然，大量证据显示这些运动会给心脑血管甚至心理健康带来许多好处，但是这不在我们讨论之列。我们现在说的是实际风险和想象风险之间的差距。）

一次自拍有多大微死亡率？

许多人都会参加一些自己以为没有风险，但实际风险系数超过他们想象的活动，比方说某项大家都会玩的全民活动。这项活动不需要技能，也不需要什么准备，那就是：自拍。自拍活动看起来完全是人畜无害，但是《家庭医药和初级护理》杂志刊载的数据显示，从 2011 年 10 月到 2017 年 11 月，共有 259 人在自拍时丧生。从 2011 年的 3 例到 2017 年的 93 例，死亡人数增长迅速。[9]

风险理论认为人类是理性动物，能够预见到可能产生的后果，也会衡量自身行为造成后果的严重程度。这种理论认为人有一个内在的决定机制，它会非常聪明地引导我们做出明智、安全的决定。但是这种认知理论却无法解释，为什么有些人无法预见到在悬崖边上站立或在湍急的河流中漂流的风险，而他们这么做仅仅是为了自拍。为了在那些看似风景优美、实则危险丛生的地方拍到漂亮照片，这些人可以不顾之前对于此种鲁莽行为的大量不幸报道。现在这种冒险行为可以说随处可见，在我照片墙上的投票中，74% 的人声称他们愿意来一次"冒险的自拍"。

那么，如果不擅长评估实际风险，有什么别的办法可以判定自己对于风险的认知是对是错呢？美国卡内基梅隆大学的研究员洛文斯坦和他的同事们认为可以用一种不同的理论来解释冒险行为——以自身的情感好恶来判断某项活动的危险系数：如果你喜欢某项活动，就会判定它的风险很低，好处很多；如果你不喜欢某项运动，那么答案则相反。他们把这叫作"情感决定风险论"。[10]

自拍行为很好地诠释了人类情感如何主导冒险行为——因为自拍会让人感觉良好。美国加利福尼亚大学的研究人员做了一项实验：他们让研究对象每天进行自拍，共持续4周。结果表明，微笑着的自拍照会让人变得开心。欧洲新闻电视台就"冒险自拍"这个话题采访我的时候，我告诉观众，当在网上看到别人给我们"点赞"或正面评价时，多巴胺会在我们体内汹涌澎湃，那是一种让人"感觉良好"的荷尔蒙，它同时也能助力人们加强某种行为。因此，如果一张照片能够获得很多人的"点赞"或积极关注，就会鼓励我们再多发自拍照。社交媒体上的互动的确能让人心情舒畅愉快。心情好了，就觉得站在悬崖边上进行自拍风险很低，而从照片中获得的好处（社会认可）却很多。

情感决定风险论

人们通常认为女性具有更高的情感反应力。研究人员认为，高情感反应力说明女性对情感的体会比男性更深刻。那么，这会不会影响我们的冒险决定呢？美国圣地亚哥大学心理学家克里斯丁·哈瑞斯和她的同事们对这一问题进行了深入探讨，她们以下面这些极限运动作为实验参考：

- 春天在湍急的河流中划皮筏艇
- 定期参与冒险运动（如登山或跳伞）

- 驾驶私人小飞机（如果会的话）
- 为拍刺激照片，开车追随龙卷风或飓风

600多名成年人参与了问答，提供他们对于这些活动的看法。如同其他关于风险问题的研究结果一样，女性大都觉得要是参加这些活动，结果会惨不忍睹。但是后来哈瑞斯却发现了一个有趣的反转（此反转容后再叙）。

情感因素在冒险决定中起重要作用，对女性而言尤其如此。情感的重要性大到可以决定女性是否会冒险，但是对于男性来说则不会。我照片墙上的冒险自拍投票显示，居然有超过三分之二的女性声称她们会进行一次冒险自拍！再对比哈里斯的极限运动数据，我们可以发现，女性如果喜欢一项运动，她们为之冒险的概率就会增加。

还记得这一章开始提到的伊登吗？她非常懂得情感在做决定时的力量。尽管眼下对于未知障碍很害怕，但她不会退缩，她愿意克服恐惧，换取未来的回报——那就是从斯巴达勇士赛中获得的多巴胺刺激。"参加斯巴达勇士赛本身就是回报，每一次克服障碍时，我就会感到更加兴奋。"[11]伊登如是说。

既然意识到你的好恶爱憎会影响冒险决定，那么当你面临抉择时，先倾听一下情感的声音，再判定这项活动在你心中的危险系数。这样可以帮助你更客观地评价风险，看清当下自己的恐惧点和关注点，对于日后是否可能得到更大的情感回报做到心中有数。

风险 vs. 回报

"我可不是冒险家。"那天当我从一架翱翔在 12,500 英尺（约 3.8 千米）高空的飞机的大洞口往外看的时候，我在心里这样对自己说，一边不断拽紧绑在胸前的安全带。"有什么好建议吗？"我问。"别往下看。"和我绑在一起的飞行指导答道，脸上连个笑容都没有。他用手肘把我朝洞口方向推了推，那儿本来有一扇门。于是我对自己说："向上看，向上看，向——"话音未落，我忽然感到脚下一空。呼呼的风声大到就算我使劲尖叫，也没人听得见。接下来是一片寂静，万籁俱寂，没有人声，没有嘈杂。这是我有生以来体验过的最宁静的感觉。这一刻，我得坦白一件事：我有恐高症。平时过桥的时候，我有时都会闭上眼睛。所以你肯定想知道，为什么我会自愿选择来跳伞？

女性评估风险的立足点是情感，而不是产生不同结果的可能性。这种评估方式注重的是在两者——投资和回报——之间进行权衡。现有研究已经证实了两者间的关联性，哈瑞斯的数据即是其中之一。她制作了一张表，里面列出的方案都有很高的回报潜力。当然，为此你得付出一定的代价，但代价相对较小：

> **真 相**
> ———
> 女性敢于冒险。

- 尝试将你已经写好的剧本卖给一个好莱坞电影工作室
- 打电话给电台，如果你是第12位拨进电话的人，将会赢得相当于一个月收入的奖金
- 大学毕业时，寄出30份工作申请给提供高薪的岗位
- 为了得到一封推荐信，定期在工作时间拜访教授

事情发生了戏剧性的反转。哈瑞斯发现，女性对这些方案表现很积极，因而她们比男性更愿意参与到这些活动中。[12]

事实上，在绝大多数的冒险行为研究中，女性冒险的概率确实小于男性。请看一项分析：研究人员调取了150多份关于风险认知的报告，显示女性的冒险次数的确少于男性。据女性自述，其中涉及的冒险行为包括吸烟、开车以及一些众目睽睽下的体力运动。[13]甚至在前面所提到的自拍风险事故中，女性遇难者占比也不到四分之一。

然而哈瑞斯这项研究的结果却恰好相反，为什么会得到截然不同的反应呢？其中较令人信服的一个原因就是，研究用的主要是结果论方法。也就是说，受访者依据自己对结果的评估来做决定。

但这种方式忽略了一点：女性实际使用的标准与之有差别。事实上，她们清楚哈瑞斯方案可能产生的结果，而且判定这些结果极有价值。研究人员称这种标准为风

险—回报模式。在这种模式中，情感起着很大的作用。如前所述，女性会自愿拿眼前的恐惧与未来的愉悦做交换。而且，她们如果得到了预期的情感回报，之后会冒更大的风险。

虽然女性的风险评估方法与男性不同，但真相是，她们愿意和男性冒同样的风险——只要能看到回报潜力。当然，这种方法也需要更长远的思考——为了日后的欢愉，你必须要忍受当下的不快。如果你能了解自己的大脑如何看待风险的话，那么以后在冒险时就会更自信。

那天我坐飞机的时候，也做了一个风险估算。我愿意做个交换，忍耐恐高症，换第一次在空中飞行那种无与伦比的兴奋与刺激。

此外，这种风险估算还可以作为一种治疗方法。那次我和伊登一起采访斯巴达勇士赛负责人加菲尔德·格里夫斯的时候（那也是《清晨秀》节目的一个部分），他告诉我们，有些人来参加斯巴达比赛就是为了摆脱压力或目前生活中的一些负面事件。他说："当你正在全力攀登一堵8英尺（约2.4米）高的墙或穿越倒刺铁丝网下的泥潭的时候，你根本不会想任何其他事情。"[14]

有一群女性在斯巴达勇士赛中受益特别多——她们就是瑞索莱德公司的女员工。瑞索莱德是一家专门给人口贩卖中幸存者提供工作机会的公司。在过去的三年中，瑞索莱德的女员工都参加了斯巴达勇士赛。拿珍妮来说，比赛中有一个障碍是她的心头大患，一想起它，她就充满恐惧，忍不住想放弃——就是那个呈 70 度倒斜角的滑墙，但是最终她成功了。瑞索莱德公司的其他女员工和珍妮有着类似的经历和体会。这充分说明，她们愿意用当下的恐惧换取最终的成就感。珍妮说："我从不知道自己那么强大，没想到自己居然能成功，我太开心了。"[15] 可见，她们之所以愿意冒险，就是因为有回报——由于看到自己的强大而建立起来的自信心。

对于伊登以及成千上万名参加斯巴达勇士赛的运动员来说，报名参加障碍跑并不是一个认知决定，而是一个情感决定。为了这个决定，她们必须克服最初的恐惧。但是，一切都值得！

总结：女性愿意冒险，只不过她们用不同的方式来评估风险。这种方式以情感为中心，而不是估算产生不同结果的可能性。在这种评估方式下，人们会在投资和回报之间权衡。

用女性的方式思考

当你在做一个冒险决定时，倾听一下情感的声音。

1. **感受自己的决定**

   先关注自己的情感，再判定这项活动在你心中的风险系数。如果你喜欢某项活动，就会将风险设定为低，而收益设定为高。如果你不喜欢某项活动，结果则相反。

2. **思考你会得到的回报**

   如果得到了预期的回报，下次你会冒更大的风险参加某项运动。思考的时候超越当下，将眼光放长远。想一想，自己需要克服哪些不适？未来可能会有怎样的快乐或回报？如果未来的回报高于现在的不适，那么自信点，大胆去冒险吧！

第二部分

爱情脑

第三章

浪漫的大脑

择偶，女性真正该寻求的是什么

英语中只有一个单词表达爱，那就是 love。我们用这个词描绘对伴侣、父母和孩子的感情。但是你知道吗，影响了众多亚洲语言的梵语中却有将近 100 个单词来表达爱——从母爱、激情之爱到有时可以用来称呼女孩子的单词（大致翻译成"亲爱的"），五花八门，应有尽有。不过，并不是只有那些古典语言中才有许多词汇表达爱，现代阿拉伯语和爱尔兰语中也有。尽管我们用来表达爱的语言看上去因文化而异，但实际上情感并没有差别。对 166 个位于地中海、非洲、美洲、亚洲以及太平洋岛屿的社群做过调查的研究人员认为，与爱相关的情感放之四海而皆同。研究之初，他们先去阅读这些文化的人种志描述，接着深入挖掘爱情歌曲，如民歌、民谣以及关于爱情的本土叙述。研究人员称，爱情是一种"强烈的吸引，含有对另外一个人的理想化"。[1] 爱情往往使人立刻做出承诺，但可能无法持久。爱情的这种特征发生在"吸引"阶段，而非"依恋"阶段。到了依恋阶段，人们在一段关系中可以获得成长和满足感。

研究人员还提到，全世界文化中那些关于爱情的文献记载强有力地证明了爱情是一种普遍存在的情感，不唯西方独有。世界上许多人都有过那种相互吸引的冲动以及追求爱情的欲望。在研究人员调查的近 90% 的社群中，爱情都曾经发生过。比如，一位住在沙漠地区的女性称她和丈夫的关系"有趣、温暖又安全"，而且"当两人在一起时，他们的心如同在烈火上炙烤，激情四溢"。[2]

爱而不得的忧伤和想要抓住爱情的渴望，在全世界范围内都有共鸣。在中国，宋朝流传下来一个民间传说，一名年轻人爱上了一位少女，可是这位少女已经被许配他人。这个年轻人顿时觉得，人生最大的愿望无法实现了。[3] 绝望之下，他对红尘俗世中的一切都失去了兴趣。终于有一天，他决定鼓起勇气向心仪的对象表白。没想到少女对他也早已芳心暗许，于是两人相约私奔，但是一路上贫困潦倒、困难重重。最后经过深思熟虑，两人终于决定离开对方，回归从前的生活。临别之际，年轻人深深地望着心上人的双眼，喟然长叹："盘古破鸿蒙，汝自为吾生。不忍放手去，恋君难成真。"[4]

美国马里兰大学的教授泰·塔诗洛认为，成年人的爱情故事不应该是个童话，也不应该是一场悲剧，而应该是一次"探秘"之行。[5] 照这么说，其中最大的谜团可能就是：我们为什么会爱上那个人？数数看，有多少次当你看到你朋友的恋人时，会觉得他们俩完全不搭。换作是你，那种人根本不可能是你的菜。而且你一定觉得奇怪，怎么你的朋友一聊起新恋人就滔滔不绝？

你认为爱情是什么呢？让我们首先来探索一下爱情的吸引力。吸引是爱情的第一阶段，表现为一种兴奋，一种令人眩晕的冲动，一种说不清、道不明的想时时刻刻都和某人待在一起的欲望（真的有化学反应！）。

在下一章中我们会讨论发展到依恋阶段的爱情，这是一种温暖、舒适、可以相互依靠的爱的本质（你和爱人可以穿着睡衣一整天待在一起也不会烦闷，反而觉得岁月静好）。

吸引：爱情初期的奖赏

请闭上眼睛，想一想你最近和恋人或伴侣一起做的一件有趣的事情。知道吗？就是这么一个简单的行为，却可以瞬间冲击你的大脑，让你觉得爱情有回报。多巴胺是一种让人感觉良好的荷尔蒙，它可以通过很多活动释放，包括一餐美食、一次愉快的交谈，甚至在社交媒体上得到一个点赞。

爱情在大脑循环中好比是一种奖赏，它发生在大脑的尾状核以及腹侧被盖区。这两个部分都是大脑的奖赏发射中心。研究人员发现奖赏发生在浓烈爱情的最初阶段。有些科学家将恋爱初期这种轰轰烈烈的感觉比作是动物吸食可卡因上瘾。二者产生同样的飘飘欲仙之感，让人觉得精力无穷，不知疲倦，甚至食不知味。

接着爱情就占据了你大脑中的激励机制，目标锁定第二个奖赏系统。实际上，爱情本身没有酬劳，但是它却能带来奖赏。这方面它和钱很像。钱本身就是一张纸，但是比虚幻的钱（如"强手棋"中的仿制货币，也是一张纸）有意义，因为它能赋予你买东西的能力——这种能力可不仅仅是在游戏盘上买几栋塑料小房子而已。

当你感受到爱情初期荷尔蒙的冲击时，它会促使你去想办法赢得对方的心。于是，你开始设定目标，想尽一切办法和他/她多待一会儿，搜肠刮肚去找能够引起对方兴趣的话题，千方百计参加那些可以让对方爱你更多一点的活动。你不仅仅是渴望得到他/她，更想和他/她建立一种长期的关系。所以，多巴胺对第二个奖赏系统的冲击就意味着你要开始下一步行动了。这一行动被行为心理学家称为"维持"（做某些事情讨伴侣开心）和"保护"（保证你和伴侣的关系安全且独属于你们）。这样看来，爱情其实是奖赏和动力的有力结合。难怪有些心理学家将爱情看作是一种驱动力，而不是情感。

心理学家亚瑟·阿隆招募了一些20岁出头的年轻人来做实验，他们自称谈了约7个月恋爱。[6]在还没有用扫描仪扫描大脑之前，他们用以下表述来说明恋爱中的自己感受到的激情：

- 生理上、情感上、心理上我都想要我的恋人
- 有时候我无法控制地想他/她，满脑子都是他/她

接着这些人被安排躺在扫描仪下面，看着自己带来的照片，照片上是他们的恋人（看起来很开心的样子）。看照片30秒之后，研究人员要求他们回想一件和伴侣一起做过的乐事（无关性生活）。以下是他们举出的例子：

- "我想到那一次我们俩凌晨3点醒来外出，然后从7-11便利店走回来，边走边亲吻。那感觉很快乐。"
- "我觉得自己可以真正依赖她，向她敞开心扉，和她在一起有被保护的感觉。"[7]

当躺在扫描仪下方回想着和恋人之间的赏心乐事时，他们已经被大量多巴胺所击中，那是一种喷薄而出、令人目眩神迷、满心愉悦的情感，这就是爱情。它来自看照片

和回忆这两个动作。

最妙的是,多巴胺可以盘桓不去。据一些拥有一夫一妻关系达两年之久的受访者称,他/她们是"真正地、深深地、疯狂地爱着对方"。[8]说这话时,研究人员发现受访者的大脑奖赏中心开始发亮,这表明多巴胺正在工作,正在产生那种让我们身心愉悦的感觉。

如果经常想想自己和伴侣之间的美好回忆,就等于是给我们的大脑一种奖赏。但是,先别急着花太多的时间通过一段关系来提升多巴胺。第一步,你需要了解对方身上最吸引你的是什么,如何使一段关系长久?因为,对于男性和女性而言,"吸引"中的那个神秘点是不一样的。

吸引之初

选择伴侣是一个重大的决定,比方说,白瑞这小伙子非常迷人,所以这肯定是他的优点。但是他自己也知道这一点。呵呵,现在这就是潜在缺点了。谁会喜欢一个自命不凡的人呢?这事儿我7岁时就知道,所以早已充分准备好如何应对。

现在让我来列张单子。我喜欢列单子,这大概是从我妈妈那儿学到的吧,谁知道呢?反正不管做什么决定,重要的,不重要的,我都会列单

> **误 解**
> ———
> 女性应该找经济稳定的伴侣。

子。我发现列单子可以让自己觉得舒服。不过，希望这次除了舒服之外，还能让人看到其中有真知灼见。

优点

- 帅气
- 棕色的头发
- 迷人的微笑

缺点

- 还有很多别的女孩也喜欢他

多年来我习惯列单子——面对工作选择时，决定何时要孩子时，当然还有选择伴侣时。现在回想起来，当年我在列单子选择伴侣时，要是能多知道一点儿这其中隐藏的科学道理就好了。

你找伴侣时看中什么呢？最先吸引你的是什么？你想找的人是高是矮，是聪明机灵还是爱好冒险？在今天这样一个约会司空见惯的社会中，每个人都有自己的择偶标准。婚恋网站的类型也是五花八门，有的以双方所在地来考虑如何牵线搭桥，有的以你脸书上提供的活动兴趣来挑选合适对象，还有的则面向特殊人群。比如说，船长婚恋网就是一家致力于帮助长年孤独的船长们找到真爱的网站（他们的口号是：在那凶险的爱情海洋里，让我们做你的灯塔[9]）。还有爱辣酱婚恋网，他们的客户群是……你可以猜一猜哦！

尽管挑选伴侣时各取所需，但人类在择偶中真正看中的东西还是有共性的。美国得克萨斯大学心理学家大卫·伯斯做了一项全面综合研究来探索人们寻求伴侣的关注点，为此他招募了来自33个国家、37种文化背景的1万多人（其中53%为女性）。研究发现，各种文化中的择偶行为有其相似之处，但是在男性和女性之间存在差异。

或许你认为，在今天这个妇女已经实现经济独立的世界中，女性不再会默认找一个经济宽裕的伴侣。但是伯斯教授发现情况并非如此：女性更可能选择一个财政无忧、社会地位较高的伴侣。为什么她们会有这种择偶倾向呢？某些研究人员称，这种倾向其实深深植根在女性的进化史中。传统上，女性需要的是一个资产富足，能够为家庭遮风挡雨的伴侣，这在许多国家都是普遍现象。

不过，姑娘们，关于找经济稳定的伴侣，有一件事我得告诉你。要是你希望在婚恋中寻求幸福感，那么经济稳定就好比浮动汇率制。收入越高，幸福感越少。当然，对于处在收入底端的夫妇来说，经济稳定确实有助于提升他们婚姻中的满足感。但是当你的家庭年收入达到75,000美元（约47.8万元人民币）或更高的时候，经济稳定在追求婚恋幸福中就不再是一个重要因素。这一点在瑞典和挪威那样的财富平均主义国家或伊朗那种贫富差距较大的国家中都是一样的。由于自身收入不高，你很可能被经济稳定的对象所吸引，但是如果想在婚恋中寻求幸福感，让关系更长久,那么你必须要考虑更多的因素。

与此形成对比的是,男性择偶一般都选那种外表漂亮的。这没什么好奇怪,研究人员已经发现,男性在做决定时有个特别棒的舵手,那就是他们的大脑。男性大脑中配备了一个特殊的激光器,能够立刻定位到漂亮脸庞上。

为什么会这样呢?这是因为美貌刺激了他们大脑中的奖赏系统。当男性看到女性漂亮的脸庞时,他们的大脑马上就会感受到奖赏,这使他们越发想看到更多漂亮脸庞。所以,外表的美其实不肤浅,它有长远的好处。研究人员认为,高颜值实际上是一个信号,意味着这类人具备"进化优势",[10] 说明他们能在环境中更好地生存、繁衍。所以男性大脑激光器的好处就在于,可以帮助他们选一个不仅能维持长久婚恋关系,而且能使家族血脉绵延不息的伴侣。此时,大脑全权负责并向男性下指令,让他们清楚知道择偶重点。

当今世界,如果女性经济独立,她可能不会为了经济原因寻找伴侣。那么,女性在择偶时到底应该寻求什么?科学真相是什么样的呢?

高颜值当然好(但不适用于找丈夫)

当一名女性将高颜值作为自己的择偶标准时,会发生什么呢?如果你想要的是一段长期关系,那么这个选择可能不太妙。美国田纳西大学的研究人员发现，高颜值会让你在"寻爱"的道路上勇往直前，但是却不能持久。他们招募了 82 对年龄在 25 岁左右的异性恋夫妇。这 82 对夫妇都是第一次结婚，婚龄小于 6 个月。以下列出的回答用来衡量他们对婚姻的满意度：基于你目前的婚恋关系，以下问题你会如何回答？

- 我们关系很好
- 我和伴侣之间的关系令我感到很幸福
- 我觉得自己和伴侣是一个团队
- 我和伴侣的关系很稳定

研究人员要求这些夫妇举出一个自身存在的问题或是他们自身想改变的一个点。接下来，他们要和自己的伴侣就此讨论 10 分钟，两人在交流时会被录视频。这么做有两个目的：一、录视频是想看到夫妻俩如何交流。研究人员关注的是他们俩如何轮流说话以及两人互动中的整体积极性，而不是光一个人说；二、评估每一对夫妇的颜值，打分为 1—10 分（打分越高，颜值越高）。几名受过专门训练的研究助手会负责打分，但是他们并不知道其他的研究人员会如何打分（这是为了避免产生审美偏见）。俗话说萝卜青菜，各有所爱。不过这几名训练有素的研究人员对每一对夫妇的打分几乎完全一致。也就是说，如果一名研究员给一对夫妇打 10 分，其他研究人员也极有可能给出相同的分值。研究人员把这叫作客观外貌分。

在男性和女性各自看来，高颜值（客观公认的）对于婚恋关系的影响是不同的。漂亮妻子在和丈夫相处的过程中，表现更积极、更善解人意。她们更多时候在倾听，并不时点头表示赞同，给自己的伴侣提供建议，鼓励他们。

但是英俊的丈夫在10分钟的对话中却表现出更多的负能量。他们指责或批评妻子的时候更多，有时候甚至不理会妻子。这些丈夫对自己婚姻的满意度也较低。

为什么颜值对男性和女性的行为影响不一样呢？进化心理学家认为，英俊的男性会觉得自己有更多短期选择配偶的机会，这使得他们对现有的婚恋关系责任感较低，因此他们的满意度也较低。而女性则相反，她们不会因为自己颜值较高而受到负面影响。因为在她们看来，长得漂亮在一段长期的关系中并没那么重要。

一段始于颜值的关系对男女的影响不同。对于男性而言，高颜值的伴侣意味着高质量的配偶。然而，他们也可能觉得要忠于这段关系的必要性较低。而对女性来说，若要寻求一段合适的长期关系，对方的颜值并非重要因素。

但有趣的是，当两人的关系进一步发展之后，最初外表的吸引力变得越来越不重要。在你和伴侣互动的过程中，相对吸引力（你心目中的）起关键作用。如果觉得自己的伴侣很有魅力（不管他/她的客观外貌分是多少），你更可能表现出支持和理解。这种情况同时适用于男性和女性。

找到自己的类型

那么,如果颜值不是一切,女性究竟该怎样评估一段关系合适与否呢?

"去问崔西姑姑,她会告诉你乔西是不是好人。"我哥哥靠在厨房的台面上喝着咖啡,边斜眼看我,边咧着嘴笑。听了这话,他15岁的女儿一脸吃惊。我猜,如果我哥哥直接告诉他女儿,乔西那个小伙子可能不合适她,那么很可能会招致逆反。所以他用了这个法子。

乔西是一个艺术家,一个音乐人,灵感来时他会写歌。他有一头蓬松的沙色头发,每次他轻拂发梢,那种酷酷的感觉看上去就更增一分。他那个人怪怪的,不怎么可靠。常常定好了计划,在最后一分钟又取消。但即便如此,你也很难对他生气。因为,好吧,谁让他有那样迷人的头发呢。

对一名情窦初开的花季少女说:选合适的男朋友,有比漂亮头发更重要的标准——这事儿可太难办了!而且今天还是星期六的早晨!我可不打算揽这事儿。所以我也朝我哥笑了笑,然后对我侄女说:"乔西还不错。"

不过,我哥可没那么容易被劝退。"用你那些问题问她,"他说,"那五件事。"

哦,原来是那张清单上的五件事。其实呢,如果你想维持一段长久的关系,我有一张很有帮助的清单,上面列的内容对男女基本通用。

以下哪些特点是你在挑选伴侣时所看重的?

- 可靠,总是可以依赖
- 善于发现别人的优点
- 热爱艺术、音乐和文学
- 气场强大,有领袖气质
- 集幽默和忧郁于一身

你有没有听说过这五大性格特点呢?你挑选伴侣的时候会选择哪些特点?我在社交媒体上问了粉丝同样的问题。以下是他们的答案,按照和这张清单同样的顺序排列:

- **尽心负责**:可靠,总是可以依赖——这一条被60%的人选择(是我社交媒体调查中最让人看重的特点)
- **为人和善**:善于发现别人的优点。这一条被24%的人选择
- **喜欢体验**:热爱艺术、音乐和文学。这一条被11%的人选择
- **性格外向**:气场强大,有领袖气质。这一条被5%的人选择

- **神经质**：其实这一条我并没有列在调查选项中。神经质的人确有可增添其魅力值的优点，他们往往有一种独特的幽默感，而且还喜欢自黑。但是，他们在婚恋关系中也可能很害羞，容易有压力感以及过度依赖伴侣。

我们每个人都属于一种类型。吸引我们的那类人和我们自身类型很相似。有时候我们会看到夫妇二人因为一直共同生活，共同老去，因而举动很相似。尽管那也是一个相关因素，不过更合理的解释还是来自我们在婚恋关系中最初的选择。这种选择可能是有意为之，也可能出自"本能"。但不争的事实就是，我们的确会被那些性格和自己相似的人所吸引。社会学家将这种倾向称为"主观性择偶"。不过也有一个例外，当你发现选择和自身性格相似的人做配偶并不太好的时候，说明两个人都是外向型性格。如果性格内向的女性选择了性格外向的男性，从长远来看比两个人都性格外向好处更多。[11]

终身的性格特点

你会怎么回答下面的问题？

- 你会对自己的伴侣敞开心扉吗

- 你和你的伴侣多久吵一次架

这两个问题都出自一个家庭亲密度与适应性量表调查报告。这个调查通过你赞同（或不赞同）伴侣的频率、你们俩之间的亲密度以及你对伴侣的喜爱程度来衡量婚恋关系中的满意度。

这项实验由加拿大西蒙弗雷泽大学的研究人员发起。他们调查了125对分别处于50岁、60岁和70岁年龄段的异性恋夫妇。这些夫妇的平均婚龄为34年，80%以上只结过一次婚。其中约三分之二的夫妇称自己比一般夫妇的婚姻幸福。

调查中，夫妇双方都回答了那五大性格测试问题，评价了自己和伴侣的性格特征。结果证明，如果想让婚恋关系更持久，有些性格确实比另一些性格更好。以下就是对男女理想（并非完美）关系的研究发现：

1. 神经质。有这个性格基本可以预料到婚恋中会出现不满，这在对婚姻满意度和稳定性的研究中常被报告。高度神经质的伴侣容易喜怒无常，动不动就感到不开心或不自在。他们往往会对压力反应过度，更可能出现负面情绪（如悲伤、愤怒等）。而且他们更可能将这种情绪投射到自己的伴侣身上，从而发生摩擦。

   但是神经质也有优点。神经质的伴侣更敏感，也更了解伴侣的需求。而其他人可能就不会那么敏锐地感知到这些需求。他们也能更清楚地察觉出他人的情绪（这通常是因为他们想了解形势，以便为潜在的威胁做好万全准备）。因此，你可能会被有神经质特质的人所吸引。

2. 亲和力。对于婚姻满意度来说，亲和力是一个强大的因素。和蔼可亲的人一般都乐观积极。他们往往相信人性本善，所以更愿意相信别人。这种性格特征在婚恋关系中十分有用，其中的关键原因就是：亲和力在冲突解决过程中扮演着重要角色。有亲和力的人更愿意寻求合作的方式来解决问题，愿意接受来自伴侣的信息，愿意合作。所以，幸福的夫妇通常在亲和力程度上相似。不过也要记住，那些具有亲和力的人可能也会难以启齿自己的需求。和有亲和力的人在一起，你也要时刻关注他们的需求，因为他们可能并不说出来。

3. 责任心。它与婚姻满意度的关系最为紧密。一个有高度责任心的人通常都高度自律、极有条理。他们值得托付，而且会信守诺言。一对夫妇相处的时间越长，这种特点就越重要。因为一个高度认真尽责的人通常愿意为了巩固两人的关系而努力付出，特别是在家庭遇到重大变故的时候，比如空巢或退休。

对女性来说，寻求一个有责任心的伴侣对于构建长期的婚姻满意度而言，是一个非常积极的因素。如果你现在正处于二三十岁的年龄，那么你未来丈夫身上的责任心可能表现为工作狂、完美主义，甚至是强迫症倾向。但是这种表征会随着年龄的增长而慢慢变得平和醇厚，你的伴侣会愿意为了营造健康和谐的婚姻关系而努力。

当你在探究性格特点及其对婚姻满意度的影响时，要特别记住，这些特点在一个人身上是共生的。比方说，一个高度神经质但同时也是极度认真负责的人会为自己的焦虑找到正面健康的发泄途径，这是因为自控力引导他们这么做。同样，高度的亲和力会抵消人身上的高度神经质，那就意味着此人在婚姻关系中爱争吵或爱找麻烦的可能性较低。

总结：在一段关系的开始，女性考虑的因素和男性不同，她们倾向于选择经济稳定的伴侣。但是，如果你是一个经济独立的女性，找一个性格和你合拍的人对于长远的婚姻幸福而言将会更合适。如果你想将一段刚刚开始的关系发展为长期的关系，那么请接着阅读下面一章，我会为你提供一些小窍门。

用女性的方式思考

1. **寻找重要的性格特点**
   找一个和你有着同样社会需求的伴侣。或者,找一个与你自己内向程度或外向程度相当的伴侣。
2. **如果想在一段长期关系中获得较高的满意度,责任心和亲和力是你应该去寻找的性格特点**

第四章

建立联系的大脑

了解后叶催产素的作用

我一直很想知道那种毅然斩断情丝，与对方不再联系、不再相关的决绝是一种什么样的感觉？我的这种好奇纯粹源自对心理学的兴趣。但那不可能是真的，就像金·凯瑞在影片《暖暖内含光》①中的那个角色一样，他想消除脑海中对过往情缘的记忆，但最终还是失败了，美好心灵中的那一抹阳光被永远留存下来。我们每个人都经历过那个叫作"心"的地方破碎的时候，但实际上不是我们的"心"

---

① 2004年发行的美国影片。英文名 *Eternal Sunshine of the Spotless Mind* 取自18世纪英国诗人Alexander Pope（亚历山大·蒲柏）的长诗 *Eloisa to Abelard*。——译者注

受伤了,而是我们的大脑。这是与生俱来的。

联系源自触摸

当母亲第一次看到她的孩子时,大脑就会释放出一种神经传感信息,帮助她与自己的孩子形成紧密的联系。研究表明,产后一个月内具有较高后叶催产素的母亲更可能温柔地哄自己的小宝宝,给宝宝唱歌或搂抱宝宝。这种触摸帮助他们之间建立最初的联系。

反过来也是一样。有些早产儿的母亲没有机会来触摸或怀抱自己的宝宝,那么她们在和宝宝建立联系时就会出现一些问题。不过,只要一个简单的举动,比如按摩或袋鼠式护理法①,就能增进母亲和宝宝的亲密关系。

女性天生就有后叶催产素,后叶催产素能助力她们生产(医生在女性生产的时候甚至会注射人工后叶催产素来促进宫缩)。后叶催产素还有助于母乳喂养(当小宝宝紧紧贴在妈妈胸前时)以及建立起刚才提到的亲子关系。

甚至后叶催产素在建立婚恋关系中也扮演着重要的角色。现

> **误 解**
>
> 在婚恋关系中,女性比男性更渴望建立联系。

---

① 将早产婴儿长时间紧贴地抱在胸前,以直接的皮肤接触代替暖箱的一种护理方法。
——译者注

在让我们来看一下你会怎么回答下列问题。

- 当伴侣就在身边并对你的需求及时做出回应时，你会不会有安全感
- 如果另一半不在身边，你会不会没有安全感
- 你们俩会不会分享自己生活中的各种发现

这些问题与你和你母亲的关系有关，也与你和另一半的关系有关。这正是英国一所大学研究人员的发现：婴儿及其护理人之间的关系与成年伴侣之间的关系有共同特点（就如你刚才回答的问题一样）。[1]研究人员认为，你的婚恋关系其实和你与父母间的亲子关系非常相似——这是一种依恋，我们从很小的时候就开始学习其中的奥秘。我们学习如何信任别人，如何与别人互动。那些关系可能让我们感到安全，感到被保护，也可能让我们感到不安全、不被保护。这种联系的影响并不是转瞬即逝的，请看以下陈述。

过去和现在有哪些人对你来说特别重要（比如家庭成员、爱人或者好朋友）?[2]想一想你和他们之间的关系，在下列句子中选一个最能反映你总体感觉的选项。

1. 我觉得很容易和他人近距离接触，我喜欢依靠他人，也喜欢被依靠。我从不担心被抛弃或担心有人离我太近。

2. 当我靠近他人时，我会有一点不舒服。我发现要完全相信别人很难，让自己依靠他人也很难。当有人靠我太近时我会紧张。我的伴侣常常希望我对他/她更亲密，但这超出了我的舒适区。
3. 我发现其他人都不太愿意像我所希望的那样接近我。我常常担心我的伴侣不是真正爱我，不是真想和我在一起。我想和另一个人亲密无间，但这种想法有时会把别人吓跑。

第 1 条指的是安全型依恋模式：长大成人的你喜欢依靠他人，很容易接近他人。这说明在孩童时期，你的父母或监护人对你的情感需求总是做出积极回应，和你保持良好的互动，因此你有一个很安全的心理基础。基于此，你能够探索和理解自己周边环境中的人、事、物。这种心理基础使你相信别人，使你不会产生被抛弃的感觉。因此，你拥有一种健康的自我价值感。

安全依恋型的人在婚恋关系中会很自然地表达情感。发生冲突时他们也能关注问题本身，而不是去攻击别人。他们对自己和伴侣都感到很安心。

第 2 条指的是回避型依恋模式：作为成年人的你不愿意和他人太靠近，但是却可能会过度依赖他人。这说明孩童时期你的父母和监护人很可能对你很冷漠、很疏远。每当你想靠近他们时，他们会生硬地拒绝你。于是，你渐渐学会了压抑与他人亲近的需求，以避免被拒绝。

那么这种模式在婚恋关系中如何表现呢？回避依恋型的人在婚恋关系中不太喜欢敞开心扉，不愿意让自己处于弱势。他们往往表达出一种强烈的独立需求，甚至到了将潜在伴侣推开的程度。他们可能会这样说话："我需要自己的空间。"在干其他事的时候，甚至在社交场合，他们也同样可能将自己的伴侣排除在外。

第3条指的是焦虑/矛盾型依恋模式：作为成年人，当你和别人接近的时候会觉得不舒服，也很难相信别人。这说明你的父母或监护人在向你表达爱或关心这件事上很可能反复无常或专横武断。因此，你会因为很难预测对方如何应对你的情感需求而感到焦虑。

属于焦虑/矛盾依恋型的人在婚恋关系中常常会感到不确定或不安全。其结果可能会更加依赖自己的伴侣，或变得专横霸道，占有欲强。他们可能会因为自己的不安全感来解读伴侣的行为。比如说，如果伴侣和自己的朋友在一起，那么焦虑/矛盾依恋型的这个人很可能会想："他不是真的爱我，因为他不想和我待在一起。"

> **真 相**
>
> 婴幼儿时期形成的依恋模式对成年人的婚恋关系影响重大，男女都是如此。

在一段关系中，联系从某种程度上来说就是一种依恋，是你和另一个人之间形成了依恋关系。如果你不知道自己为什么会出现某种行为，那你最终只能一遍遍地重复不健康的依恋模式。

我们在孩童时期与父母形成的依恋模式，就是长大成人后与伴侣形成的依恋模式的雏形。作为成年人，我们在长期婚恋关系中所寻求的东西往往与我们在父母（尤其是母亲）身上所寻求的特质相符合，比如说温暖、关心、对我们的需求很上心。当在未来的伴侣身上看到这些特质的时候，我们就会觉得顺心合意。

好在这三种依恋模式并不是一成不变的。心理学家告诉我们，虽然与他人建立联系的范本是婴儿和护理者的依恋关系，但是成年人也可以做出改变。如果发现自己的依恋模式并不好，你可以寻求帮助来调整自己的行为方式。

对于女性而言，回避型依恋模式相比于焦虑/矛盾型依恋模式，对婚恋满意度的影响大得多。也就是说，她们回避越少，满意度越高。为什么回避型依恋模式对女性来说有这么大的影响呢？研究人员指出，女性对在婚恋关系中能与伴侣分享情感这一点看得很重。[3]但如果一名女性属于回避依恋型，她就很难和伴侣形成一种亲密关系。因此，要让她信任伴侣并与之建立联系就不可能，由此便导致了低满意度。

但是对于男性而言，焦虑/矛盾型依恋模式和回避型依恋模式对他们的婚恋满意度影响差不多。这意味着什么呢？研究人员认为，焦虑/矛盾型依恋模式实际在提示我们，男性比女性更在乎被伴侣关心。比方说，男性认为在婚恋关系中，比其他事情更重要的是，感受到伴侣不会抛弃他们。

这种不会被抛弃的感觉对于男性来说，其重要性是女性的两倍。它根源于婴幼儿时期。一项跟踪调查（从 6 岁孩子长成 21 岁青年的 15 年间）发现，被遗弃的感觉即便过了很多年也不会消散。[4]也就是说，如果一个孩子 6 岁的时候感觉到自己被遗弃了，那么这种感觉会一直伴随着他们进入成年，甚至进入自己的婚恋阶段。

从触摸到拥抱

无论你在成长过程中所经历的依恋模式是安全型、回避型还是焦虑型，你与他人建立联系并保持长久关系的能力还取决于一种生物激素——被称为后叶催产素的那种荷尔蒙。而且，你有能力来增加这种荷尔蒙。

这一切非常具有戏剧性。保尔·萨克[①]走上舞台，为了增强戏剧效果，他举起右手。接着他往空中喷了点什么东西，类似万灵药的东西——不仅仅是那种让人永葆青春的药水，可能比那还要好，那是一种神奇的东西！当潘多拉的魔盒打开时，它能立刻结束世间所有祸害与灾难。那是一个新时代的来临——人们会更信赖彼此，更慷慨大方，更忠贞不贰。这种神奇的物质，就是后叶催产素。

---

① 神经经济学家，南加州克莱蒙特研究生大学教授。在其 2011 年的 TED 演讲"信任，道德——后叶催产素？"中揭示了后叶催产素如何提升人与人之间的信任度和合作度，因其激情演讲而为人关注。本段是对保尔·萨克 TED 演讲的回顾。
——译者注

对于一种荷尔蒙来说，这描述是不是太离谱了？后叶催产素常常被人亲切地称为"拥抱荷尔蒙"。经济学家兼研究员保尔·萨克认为，拥抱可以释放后叶催产素。由于我自己不喜欢拥抱，所以我对萨克的理论持怀疑态度，尤其他还是一名经济学家。不过，在关于拥抱的研究中，他可不是一个人在作战。家庭理疗师弗吉尼亚·塞塔尔也说："要想活下来，每天需要拥抱4次；要想活下去，每天需要拥抱8次；要想活得好，每天需要拥抱12次。"

虽然塞塔尔的想法是好的，不过研究表明，拥抱时长比拥抱次数更重要。研究人员对将近200人进行了调查。这些人既要承担在公众面前做演讲的重要任务，同时还要被评估。但是在演讲之前，其中一半的人可以从队友那儿得到20秒的拥抱，而其他一半只是一个人安静地坐着。结果证明，无论是男性还是女性，有了鼓励性的20秒拥抱，压力值就会下降。[5]

拥抱对于女性的好处尤其多，因为女性荷尔蒙会提升拥抱的效果。日本科学家曾经做过一个有点奇怪的实验，他们用一个垫子来考察拥抱给人带来的影响。[6] 实验中，女性参与者被分为两组，其中一组参与者要和一名陌生人通话15分钟。现在有趣的地方来了！第二组参与者也要和陌生人谈话，但是她们在谈话的时候却可以拥抱一个人形的垫子，里面装有内置电话，他们把它叫作"抱抱电话枕"。

瞧，哪怕是一个做成人形的垫子都足以降低压力值。

边说话边拥抱要比光说话减压效果好得多——压力值的测量是通过检查血液和唾液样本中的皮脂醇水平得出的。一个垫子居然能有这种效果，听上去可能有些不可思议。日本研究人员认为这和拥抱的姿势本身也有关。张开双臂、给予别人空间的姿势对于降低皮脂醇水平非常有用。[7] 或许萨克是对的，拥抱的力量真的很强大！

最近我也体会到了拥抱的力量，那是在给公众作演讲的时候。我第一次尝试演讲是在二年级，当时我参加了一个全国性的讲故事比赛。那段时间我每天都在镜子前练习，妈妈指导我怎样正确处理语音、语调和重音。比赛当天，我记得自己穿着祖母亲手给我做的演出服站在台上，看着台下每个人的脸。妈妈料到我会紧张，甚至还可能发抖，所以她事先告诉我可以将底下的这些人脸看作是一颗颗大白菜。那一招真管用！当我张开嘴，开始讲故事的时候，那一排排的座位和一排排的大白菜好像驱散了我的紧张。

多年之后我演讲的内容已经变了。现在我不讲故事了，而是和其他人分享我的研究成果，但是我依然记着妈妈的小窍门。尤其是在那个夏日的午后，当时我作为发言人要为来自世界 500 强公司的女员工演讲。那是我第一次承担这样一个大项目，在我前面的演讲者是美国家居与园艺电视台的创办人之一。可想而知，当时我"压力山大"！听众们肯定希望听到一场充满活力、意趣盎然的演讲。突然间，我发现那个大白菜代替脸的小窍门不管用了。

演讲就在我居住的杰克逊维尔市①举行。整个午餐期间，我不住地看手表，在脑海中倒计时。突然，我感觉到有一只手放在我的肩头。我抬起头，那是我的一位朋友，她顺道来看我。"我知道今天对你来说很重要，我有事不能久留，不过我来是为了给你这个——"说完，她给了我一个大大的拥抱。我不知道她怎么会知道拥抱的作用，但是在那一刻，我感到自己的紧张一扫而空，在舞台上我发挥得非常出色。

就是那个来自朋友的拥抱，在演讲前真真切切降低了我的压力值。

婚恋关系中的拥抱和后叶催产素

想象一下你和你的爱人正在谈话。说到最近的一次度假以及那些共同的回忆，你俩不时开怀大笑，你还会捏捏对方的手。对方也会望着你，此时无声胜有声。因为你们双方对于对方在说什么，都了然于心。

不过下面这个实验研究的可不是爱人之间常见的对话。研究员露丝·菲尔德曼和她的同事们邀请了60对正处于恋爱关系前三个月的情侣来到她们那舒适的实验室。在这儿，角落里没有安放摄像机，桌子上也没有摆放录

---

① 美国佛罗里达州最大城市。——译者注

音设备，有的只是后叶催产素记录仪。这样，研究员就能轻松观察到这些情侣在谈到一次有趣的经历时是如何互动的。研究发现，情侣之间的积极互动越多（比如说充满爱意的抚摸，表达正向的情感，互相关心等），他们体内后叶催产素的水平就越高。[8]

怀疑论者可能会说，这种情况下后叶催产素的提高只不过是在"新的爱情"——融合了好奇与兴奋的一种飘飘然的感觉——的刺激下才发生的。但是，6个月之后研究人员将这些情侣再次带到实验室的时候，他们体内后叶催产素的水平依然很高。研究人员称，他们体内后叶催产素的水平和亲子关系中后叶催产素的水平相似。这一点连菲尔德曼自己都感到很吃惊。她说："恋爱期间后叶催产素的增长在我们研究中是最多的。"[9]这一数值甚至是她之前在孕妇身上所观察并记录到的两倍多。通常后叶催产素在怀孕时达到高峰，为的是帮助母亲做好准备与自己的新生儿建立联系。[10]

亲密关系初期后叶催产素的水平是这段关系持久力的有效表征，清楚表明哪一对情侣会在6个月之后依然维持良好关系。他们的特征是经常抚摸对方、一起开怀大笑以及互相为对方接话。有趣的是，男性和女性之间后叶催产素的水平并没有区别，而且二者休戚相关：从其中一人体内后叶催产

> **真 相**
>
> 无论你属于哪一种依恋模式，都可以通过一个拥抱加深你和伴侣的关系。

素的增加，可以判定来自另一个人的积极关爱和抚摸有多少。

菲尔德曼和她的同事们把这称为"反馈循环"。你表达的爱意越多，得到的回应越多，情侣二人在这段关系中感受到的价值也越多。她认为，后叶催产素可以引发充满爱意的行为，同时给予和接受这种行为也会促进后叶催产素的分泌，又会进一步鼓励这种行为。[11]这是一种非常美好积极的循环方式。当你付出爱，也会收获爱，于是你更愿意付出。这种循环模式同时适用于男性和女性。

所以，拥抱吧！边谈话边拥抱比你一个人喃喃自语更能减压。拿出20秒钟拥抱一下你的伴侣，激发一下反馈循环，提升你的后叶催产素水平。你用身体表达的爱意越多，对伴侣的积极感觉也越多，甚至能让你们在发生冲突后冰释前嫌。

冲突中的后叶催产素

你和你的另一半最不愿意谈论的事情是什么呢？我写这一章的时候，正巧遇上2020年的新冠肺炎疫情。由于我经常给电视台附属网站投稿，因此有人请我去聊一聊，在目前政府发布居家工作的命令之时，家庭关系会受到什么样的影响？要知道，早已习惯有自己空间和独立性的情侣们此时发现，他们现在的距离常常近在咫尺。

一对情侣告诉我,他们为了金枪鱼三明治里面要放多少金枪鱼而争论不休。"昨天我们之间爆发了第一次激烈争吵!我心情真的很糟糕,隔离让我发疯,我现在只想有时间单独一个人做饭。但是米兰达老是表现出那种'我想来帮你'的样子,我真是不胜其烦。后来我们在做金枪鱼奶酪三明治的时候,她往我的三明治里面加了好多金枪鱼,我就说:'你干吗非得塞满三明治呢?'……我当时心想'这也太蠢了吧。我根本就不喜欢这样吃三明治'。接下来我们就大吵一架,最后互相拥抱才平息了争端。"[12]

"冲突"大概是你最不可能与"依恋"和"亲密"联系起来的那个词吧。但是瑞士苏黎世大学的比特·迪特森不同意这种看法。[13]她招募了47对异性恋情侣去实验室做了一个双盲实验(意思是说情侣们和研究人员都不知道是谁在做实验)。情侣中的一方向自己鼻子里喷了五剂后叶催产素,另一方喷的则是无效对照剂。往鼻子里喷东西?听上去是不是很不舒服?确实。但这是为了确保后叶催产素能进入大脑。

45分钟以后,情侣们被叫来说一说他们之间曾经发生的不愉快或争吵,比如说空闲时在干吗?或者谁干家务?情侣们被单独留在一个房间里并被摄像,时间设定为10分钟。

冲突环节讨论完毕之后,研究人员要求参与者在以下几个层面进行评估:冲突带来的压力有多大?冲突过程中,自己或者伴侣表现积极的地方在哪里?表现消极的地方又在哪里？自己或伴侣有没有提出解决方案？接下来迪特森让他们留下唾液，测量其中的阿尔法淀粉酶。阿尔法淀粉酶与社交中的压力值直接相关。事实证明，之前喷的那一点后叶催产素发挥了作用。

但结果对于男性和女性并不相同。

女性喷了后叶催产素后，表现出的压力较小，且态度友好，随后她们就平静下来，动作也不那么强势（比如那种无意把伴侣推开的举动）。实际上，在发生冲突时，你会发现自己把嗓门调高了，气势也更咄咄逼人，尤其是觉得没人听你说话的时候。很不幸，这种行为只会适得其反，往往会使男性从冲突中逃离。但是一点点后叶催产素就可以使你的反应变得安静些，这种变化有助于解决争端。

男性喷了后叶催产素之后，压力值则飙升。不过，有点与本能相反的是，他们在和伴侣讨论冲突的时候，变得更好沟通了。他们微笑的次数更多，眼神接触也更多，甚至会开诚布公地谈论自己的感觉。（这真是解决冲突的理想境界！）

为什么后叶催产素对男性有如此神奇且始料未及的作用呢？迪特森认为，当两人在争吵时，男性倾向于抽身而去。这就意味着交流中断，最终导致双方产生不满情绪。但是后叶催产素可以提升他们的情绪——这一点可见于男性唾液中压力标志物（阿尔法淀粉酶）的增加。如此一来，他们会更集中、更愿意与伴侣交流。就算在讨论一个非常棘手的问题（比如最近一次争吵）时，也是一样。

如果你手头没有后叶催产素喷剂（哈，开个玩笑），那么20秒钟的拥抱也同样能提高后叶催产素的水平。两人在沟通中，与其非要让对方"有什么就说出来"，倒不如试试一个更有效的方法：停止讲话，以拥抱取而代之。

爱情中的后叶催产素

当你沉醉在爱人的眼中，一定想知道那种幸福的感觉会不会持久？不只是你一个人这么想，心理学家也有同样的想法。心理学界有一种观点：一段新关系中的激情会慢慢变成陪伴感。你们享受着彼此的陪伴，拥有共同的兴趣，但是彼此再也不会有那种怦然心动的激情了。有些心理学家则更离谱，他们认为一段长期关系中的激情是一个危险信号，因为这会导致一方将另一方过度理想化。更甚者，长期关系中的激情被认为反映了一种病理学倾向（谢谢哦，弗洛伊德！）。

心理学家海伦·费雪儿和亚瑟·阿隆决定针对这些观点做一个实验。她们招募了年龄在39岁到67岁之间的近20个异性恋者，平均年龄为53岁，平均婚龄为21年，性生活保持每周约两次。其中有一半人夫妻双方都是初婚，还有一半人夫妻双方或一方此前离过婚。[14]

首先研究人员向实验参与者展示了他们伴侣的照片，

并用他们的一位熟人和一名亲密老朋友的照片作为研究对比。这位老朋友和实验参与者有着非常亲密和积极的互动关系（但不是爱情），实验参与者认识他们的时间几乎和认识自己伴侣的时间一样长。在实验中，费雪儿收获了两项新的突破性发现：

1. 长期亲密关系与早期亲密关系很相似，至少在大脑上反映如此。前面说过，大脑中的腹侧被盖区是奖赏发射中心，它驱动你追求目标。而实验中参与者看了伴侣的照片后，在大脑的同一部位显示出相近的多巴胺值。有趣的是，这种积极的反应模式和他们之前自称的婚姻激情值呈正相关。相爱的程度越高，多巴胺在腹侧被盖区的活跃性越强。这意味着他们爱得越多，大脑中感受到的奖赏越多。相反，当实验参与者看到好朋友或熟人的照片时，则不会出现这种活跃现象。

2. 参与者看着自己伴侣的照片时，其大脑的活跃表现和他们与母亲的依恋关系非常相似，这意味着他们想和自己的伴侣建立联系，更说明人们会试图以一种有意义的方式与某人建立亲密关系。而这种方式复制了人最初给予他们依赖和营养的（母婴）亲密联系。有意思的是，研究人员认为一种依恋关系的形成大概需要两年，这就是为什么新婚夫妇并没有显示出同等水平的大脑活跃度。[15]

这种长期的爱情作用巨大，堪比一颗止疼片！海伦·费雪儿和亚瑟·阿隆研究团队还发现，那些平均婚龄达21年的参与者看着伴侣照片时，其大脑分泌阿片类物质的区域出现了活跃现象。大脑的这个部分主要负责控制焦虑、疼痛甚至抑郁。有趣的是，这种现象并没有在初涉爱河的伴侣身上发现。可见，处于一段长期、忠诚的婚恋关系可以给人更多的平静感，甚至能够缓解疼痛。

> **真 相**
>
> 长期的爱情建立深厚的联系，此条男女都适用。

那么，维持一段长期亲密关系的秘诀是什么呢？这个秘密叫作积极错觉偏差，指的是我们大家都有一种倾向：认为自己的婚恋关系与朋友的相比，优点多而缺点少。甚至还有另一种倾向：我们眼中的伴侣自带美好光芒（他们自己倒并没觉得）。你会将伴侣的优点无限放大，缺点无限缩小。举个例子，如果在伴侣身上看到倔强性格，你更可能认为这代表正直，而不是以自我为中心。

在一段关系的开始，这种效应会产生巨大的正面影响——你会感到满足，希望这段关系能够长久，确实它也更可能长久。同时，这种效应对于抵御一段关系中不可避免的威胁（包括利益冲突，做事的方法不同等）也非常重要。比方说，伴侣做了你不喜欢的事情，在积极错觉偏差的引导下，你就不太可能去报复他，而更可能去适应他。

又如，在决策时如果遇到利益冲突，你更可能牺牲自己的利益去成全对方的利益。

除了解决争端和提升满意度之外，积极错觉偏差还有更多的价值。研究人员认为，伴侣可能会将你对他的正面评价作为促使自己改变的模板。在这一点上，男性和女性的实际操作不一样，女性（不管是女朋友还是妻子）对伴侣的正面评价高于男性对伴侣的正面评价。[16]但总的来说，积极错觉偏差有助于建立健康和长期稳定的亲密关系。正因为你以积极的眼光看待伴侣，所以也更可能为这段关系付出，使之美满。

男性的后叶催产素

后叶催产素在让男性保持忠贞方面也扮演着重要的角色。如果你担心自己的伴侣会"开小差"，那么，一个拥抱可能会帮你解决问题。

迪特森在实验中用"魔法比例"记录下夫妇二人的冲突。婚姻关系专家约翰·哥特曼认为，在婚姻关系中，正面互动和负面互动的魔法比例应该是5∶1。即，在和伴侣相处中，如有一条负面评价（责备），就应有五条正面评价（赞美）去弥合，这就是魔法比例。婚姻稳定美满的夫妇采用的就是这种方法，他们相处时使用的积极词汇和行为多于消极词汇和行为。

德国研究人员对若干年轻异性恋男性进行了实验，其中一半人以鼻腔喷洒方式吸入了后叶催产素，另一半人则只是被喷洒了盐水。随后他们被带到一位长相美丽的女性研究人员面前——她的工作就是朝他们微笑，然后问他们几个问题。不过说真的，当你被一位漂亮异性吸引的时候，谁会管那些问题？

这些受访者中有些是单身，还有一些处于一夫一妻的婚恋关系中。实验证明，喷了后叶催产素的男性更倾向与那位美女保持距离（大概10—15厘米）。另外，只有处在婚恋关系中的男性这么做。[17]

这是为什么呢？因为，空间距离的靠近是一种信号，它会让对方知道你对他/她感兴趣（当然了，那些和漂亮女研究员保持更大距离的男性不会和男研究员保持距离）。吸入后叶催产素会提醒男性：自己已经有主了！后叶催产素很可能激活了伴侣间相互信任和依恋的感觉，这样一来他们就会保持身体距离，避免向那位美女发出任何感兴趣的信号。这种作用强大到即便向这些男性展示漂亮姑娘的照片，他们也会刻意保持距离。

总结：女性天生具有后叶催产素，它在人生最重要的建立亲密联系的活动中（比如生产和哺育阶段）达到顶峰。后叶催产素常被人亲切地称为"拥抱荷尔蒙"，男女都可以使用身体接触（比如20秒拥抱）来提高后叶催产素的水平，这有助于解决争端，维持长期的亲密关系。

用女性的方式思考

1. **避免回避型依恋关系**

   如果小时候父母或监护人没有给予你应有的情感关怀,或对你的需求无动于衷,那么你很可能属于回避型依恋模式。但是你可以改变它!你应该意识到,自己的问题是:总是将压力看成是一个人的事,即使伴侣遇到压力,你也无动于衷。另外,属于回避型依恋模式的人常常会思虑过重。建议你选择比较新颖的约会活动,这样你的参与度会比较高。

2. **焦虑型依恋者:锻炼自己的独立能力**

   如果你属于焦虑型依恋模式,可能选择耍心机或者操纵你的伴侣(比方说不接他们的电话或者做点让他们嫉妒的事情)来获得他们对你的关注或者你需要的情感保障。焦虑型的你要注意两点,首先,焦虑型依恋者通常会物色回避型依恋者做伴侣(因为他们之间的关系会陷入一种循环,回避型依恋者害怕太亲密,总是若即若离;焦虑型依恋者害怕被抛弃,总想拉近距离。因此,爱而不得就越想得)。其次,请记住,如果你们俩在一段关系中互为依靠,你可以试着借别人的力来调控自己的感情,不要由着性子来。此外,还可寻求一些心理疗法帮助你更有效地应对焦虑。

3. **拥抱**

   边交谈边拥抱比你一个人在那儿自说自话更能减轻压力。花 20 秒拥抱一下你的伴侣吧！它会给你带来"反馈循环"，你表达的爱意越多，得到的回应越多，伴侣二人在这段关系中感受到的价值也越多。长期的婚恋关系与最初阶段的婚恋关系相似，你爱得越多，大脑得到的奖赏就越多，这是多巴胺的作用！长期的爱恋关系与母子关系很相似，这种力量犹如止疼片般有效。

4. **使用"魔法比例"**

   魔法比例中正面互动和负面互动的比率为5∶1。出现一次负面反应或情感，必须用五次正面反应或情感来弥合。有意识地使用魔法比例来指导你和伴侣之间的互动吧，开始的时候可以计分，一天结束之后，看看你和伴侣的互动是否达到了魔法比例。

5. **透过玫瑰色的镜片看待你的伴侣**

   积极错觉可以帮助你走得更远，积极错觉偏差使你眼中的伴侣更加美好。因此，当发生冲突时，你更愿意牺牲自己的利益去包容对方，这有助于营造长期稳定的关系。要培养自己的积极错觉偏差，就要对伴侣的性格持正面肯定态度。比方说，如果发现自己的伴侣很倔强，尝试把它看作是一种正直的品质，而非自我中心的表现。

第三部分

智慧脑

第五章

"撒谎,撒谎,裤子烧光"

女性为何撒谎?撒谎为何重要?

阿比格尔的眼睛紧紧盯着她面前桌上的那张小白卡片。她快速地眨着眼睛,然后朝门的方向飞快看了一眼。一会儿,她把手伸向那张卡片,旋即缩回。她在座位上不安地动来动去,不时又偷偷看下门。这会儿,她又伸长了脖子,想尽可能看到角落里的东西。她相信现在没人发现,但也不敢打保票。她不时扭绞着双手,然后又把手放在屁股底下坐了一会儿。那张白色的卡片离她如此之近,她所要做的就是翻开它。只要一秒钟,飞速看一眼就足够了。

我招募了将近140名学龄儿童来做一项实验，阿比格尔是其中之一。从某种程度上来说，这项研究有点欺骗性。我们和6—7岁的孩子们玩了个游戏，诱惑他们撒谎。这个游戏的名称叫作诱惑范式，听到这个名称就知道是怎么一回事了。我们给孩子们准备了写在卡片上的一些问题，告诉他们，每做对一道题就能获得一个特别的奖励。问题很简单，比如"狗是怎么叫的？"（A. 喵喵 B. 呱呱 C. 汪汪 D. 哞哞）正确答案用彩色墨水笔写在纸片的背面（C. 汪汪）。纸片的背面还有一张随机图片，比如一艘船或一辆汽车。等孩子们回答完问题，研究人员就会给他们看卡片背面的正确答案。

做到最后一题时，研究人员问了孩子们一个并不存在的卡通人物。"在卡通片《太空男孩》中，那个主角叫什么名字？"《太空男孩》这部动画片是我们编出来的，实际上根本就没有这么一部影片。这时就出现了诱惑。在孩子们给出答案之前，研究人员就出去了。但临走前告诉他们不要把卡片翻过来偷看正确答案（正确答案是吉姆）。现在每个孩子被单独留在房间里，写着正确答案的卡片就放在他们面前。房间里没有人监视他们，但一架隐藏的摄像机会把随后发生的一切都拍下来。

当研究人员返回房间后，会问这个孩子正确答案是什么。因为并没有《太空男孩》这部卡通片，所以只有当他/她看了卡片的背面，才可能知道正确答案是吉姆。"吉姆"这个答案用绿色的墨水笔写在卡片的背面，边上是一张猴子的图片。

研究人员离开房间之后，阿比格尔不断扭动身体，坐立难安，拼命阻止自己去翻看那张卡片。你猜她最终有没有看呢？当然看了！而且后来当研究人员问她是不是看了那张卡片时，她还撒了谎。事实上，100%的儿童都撒谎说他们并没有看那张卡片。

如果真有匹诺曹这个孩子

撒谎就像变戏法。我们必须记住自己要说什么，别人知道什么，我们怎么思考他们认为我们知道的事。换位思考是撒谎的一个重要部分，要向他人胡编乱造一个令他们信服的谎言，你必须去亲身设想这个人脑子里在想什么，同时还要编造一个契合他们想法的解释。当你吹得天花乱坠时，还需要一种叫作"工作记忆"的特殊智力来加工所有快速出现在你脑海里的社交线索。所谓"工作记忆"，就是那种为了记忆信息而短时"工作"（加工和储存）的记忆系统。

大部分三四岁的孩子已经能进行简单否定了。来看下面这段每一对父母都曾经历过的亲子对话：

"你有没有吃小甜饼？"

"没有。"

"你确定吗？"

"对！"

"那你的衬衫上为什么会有饼干屑？"

"我不知道。"

小孩子当然知道自己在撒谎，父母也知道孩子在撒谎。孩子可能也知道他们的父母知道自己在撒谎。但是他们的工作记忆还不够快，无法合理解释为什么自己的衬衫上有饼干屑。

这一切在大概6岁时开始改变。工作记忆开始进化，小孩子已经能对为什么自己的衬衫上有饼干屑给出一个更加圆滑老练的解释。他们意识到"如果妈妈看到我衬衫上有饼干屑，她一定不会相信我没吃饼干"。当小孩子编造那些圆滑的谎言时，他们需要动用自己的工作记忆来保持这个骗局不被揭穿。工作记忆容量越大，越能给出令人信服的谎言。

在我开展的研究中，我发现那些善于撒谎的孩子比不善编造有说服力的谎言的孩子更聪明。在前面所说到的实验中，我还向孩子们展示了一串字母，让他们记住自己看到的，以此来测试他们的工作记忆水平。

这个游戏一目了然。你至少要记3个字母，然后第4个，第5个，甚至多达7个。普通6岁的孩子可以记住并运用两条信息。在撒谎行为中，这两条信息就是：一、他们能够记得自己做的错事；二、他们正在考虑下一步该怎么说。6岁的孩子还不具备额外的工作记忆空间来考虑其他人（通常是他们的父母）的视角。

为了考察工作记忆在每个年龄段是如何进化的，我招募了几百名年龄在 5 岁到 80 岁之间的人来我的实验室做测试。最戏剧化的进展发生在童年时期，人生的前 10 年是工作记忆提升最快的时期，比后面一生都要快。随后工作记忆稳步提升，一直伴随我们到 30 多岁。在那一时期工作记忆达到顶峰，然后就是稳定期。一般 25 岁的成人可以不费力地记得 5—6 样东西。随着我们年岁渐长，工作记忆容量会下降到只能记得 3—4 样东西了。[1]

工作记忆在每个年龄段能够加工的信息量对撒谎来说意义重大。我问了参加实验的孩子们两个"陷阱"问题："卡片背后的答案是用什么颜色写的？"（绿色），"卡片背后的图片是什么？"（猴子）。对大多数孩子来说，他们的工作记忆能力还不足以帮助他们意识到，如果回答正确的话，那么研究人员就会知道实际上他们已经偷看了卡片的背面。

拿萨斯来说吧，他的工作记忆要比一般 6 岁的儿童低一些，和 4 岁儿童差不多。当研究人员问萨斯那两个"陷阱"问题的时候，他立刻就回答正确了。他咧开嘴朝着研究人员笑，还问是不是答对所有问题就可以拿到奖品了。这说明他的工作记忆还没有能力加工那些已经把自己出卖的信息，在回答关于卡片背后墨水颜色和图画的问题时，研究人员已经知道自己离开房间后，萨斯把卡片翻过来了！当研究人员问他怎么会知道《太空男孩》那个问题的答案时，他的工作记忆也同样没能帮到他。就像 3 岁孩子对衬衫上为什么会有饼干屑无法给出合理解释一样，萨斯回答这个问题的时候也是结结巴巴。他变得很慌，扯着头发，一直朝着门看，最后终于说："我不知道。"

而有些孩子的工作记忆就特别强大，这使他们在将研究人员的观点牢记于心的同时，还能对自己谎言中的成分进行合理调整。他们意识到，如果说自己在研究人员离开房间之后没有翻动卡片，那么他们就不可能知道这两个"陷阱"问题的答案。所以他们故意给出错误的答案，比如红色和蜥蜴。我仔细观察他们是多么游刃有余地撒谎，并比较在之前信件游戏中他们的工作记忆得分。不难想象，那些能够躲开字母问题的孩子也同时拥有最高的工作记忆得分。

阿比格尔就是这样，她的工作记忆特别强，相当于一个10岁孩子。这使她能够一边回答陷阱问题，一边理解研究人员的观点。她的工作记忆帮助她了解到，如果这些问题回答正确，那么研究人员就会知道她翻动了卡片，看了答案。当被询问怎么知道《太空男孩》的主角是吉姆的时候，她超强的工作记忆也意味着她能够轻松处理两条以上的信息。当时她直视着研究人员，平静而又自信地回答，之所以知道答案，是因为《太空男孩》是自己最喜欢的卡通片，每周六她都收看。

> **误　解**
>
> ———
>
> 相比男性，女性更诚实，撒谎更少。

阿比格尔的这种技能是从小练就的。毕竟，没有人不撒谎。关于撒谎行为的普遍性，前人已经有大量的研究。有一项研究表明，每5次人际交往中，就有1次带有谎言！[2] 但是要说谁撒的谎更多，普遍看法是，女性不如男性撒谎那么多。当然，这个话题争议颇多，哪一方都不想压倒另一方。

如果匹诺曹有大脑

要回答谁撒谎更多这个问题，我们得透过现象看本质。撒谎这一行为声名不佳（即使理由充分），但它也是人类大脑最大的成就之一。撒谎时大脑中有两个关键部分在起作用。

1. **杏仁核——大脑的情感中枢**。当你为了个人利益撒谎时，杏仁核就会产生一种负面情感，它决定了你在撒谎的道路上能走多远。人的杏仁核就像是道德警察，当你一直在做自觉错误的行为时，比如说不诚实，杏仁核内就会充满负面情绪。人们第一次撒谎的时候，杏仁核的情感反应是非常强烈的。也就是说，对情感反应有很强烈的影响。如果你撒了第二个谎，甚至第三个谎的话，这时杏仁核的活跃度就开始下降。也就是说，你撒的谎越多，你的大脑适应力就越强，对于欺骗行为也越来越不敏感。你撒的谎越多，道德警察杏仁核就越可能偃旗息鼓，最后让越来越多的谎言畅行无阻。[3]

2. 前额叶皮质——大脑的执行官。前额叶皮质是工作记忆的老家。当你撒谎的时候，它干的活最累最重。那是因为，撒谎并不建立在真实的记忆上，所以你的大脑必须很辛苦地运作来编造一个新故事。大量的大脑图像研究证明，当人们撒谎的时候，前额叶皮质这一区域就变得活跃（可以测量到人体内更多血液向大脑的这一区域流动）。

前额叶皮质也显示出男性和女性在撒谎时的区别。在一项实验中，要求参与者躺在一架脑部扫描仪下面回答120个问题，其中60个是私人问题（比如你有没有姐妹），其余60个是比较笼统的问题。研究人员要求他们有些问题要说实话，有些问题可以撒谎。正如我此前用在孩子们身上的"诱惑范式"游戏那样，这项实验中的成年人也有撒谎的动机——研究结束后可以得到奖励。撒谎最佳者可以获得40欧元（约287元人民币）。[4]

事实证明，女性比男性更善于撒谎，至少根据大脑扫描仪的显示结果是这样。当研究人员要求男性对个人信息撒谎时，他们的前额叶皮质活动更频繁，这就意味着他们的大脑在撒谎时要更努力地工作。而且，比起较为笼统的问题，在个人信息上撒谎对他们来说更困难些——他们往往会耗费更多时间去编造一个让人信服的谎言。

与此相反的是，不管是在对个人信息还是笼统信息撒谎时，

> **真 相**
> ———
> 女性比男性更善于撒谎。

女性并没有显示出任何差异。她们在个人问题上撒谎所用的时间也不会用得更多。对此有一种解释：对女性而言，在私人问题上撒谎不会产生任何认知上的困难，因为她们经常这么干。社会规范和社会期望意味着女性常常需要以某一种特定的方式来展示自己，所以她们必须得撒那么几个谎。比方说，女性经常谎报自己的年龄、兴趣或其他私人信息，因为她们害怕在工作中被这些因素左右或因为这些因素而受到忽略。

如果匹诺曹是成年女性

那么女性会撒什么样的谎呢？她们撒的谎和男性有什么不同吗？想象一下这个场景：

> 在某地拥有并且打理着几家豪华旅馆的你打算签订一个重要的房产买卖协议——由于此地位于黄金度假区，因此你想建一个高层旅馆。但是产权人把这块地卖给你是想盖居民区。现在摆在你面前的难题是：你会很诚实地把自己的真实意图告诉他吗？（这样就会有生意谈不成的危险。）还是会撒个小谎？毕竟，产权人无权决定你买这块地要干什么。

现在换一个角度，还是相同的情况，不过这一次你不是为自己办事，而是作为一名代理为他人办事。身份的更换会不会改变你和卖方谈判的方式？美国西北大学和伯克利大学的研究人员认为，答案取决于你是男性还是女性。他们招募了160个人来回答这个问题，其中50%是女性。以下是他们的研究结果：

- 身份改变之后（即从代表自身变为代表客户），女性撒谎的概率提高了45%
- 两种场景中男性的表现基本相似，只是为客户撒谎的概率比为自己撒谎的概率减少了15%[5]

可见，女性和男性撒谎的动机不一样。当代表自己时，她们撒谎较少；当代表他人时，她们撒谎的可能性更大。这种现象被称之为"亲社会性撒谎"，这在撒谎行为中被认为是积极正面的。亲社会性撒谎为的是照顾他人的利益，他人的情感，甚至令他人对自身感觉好一些。这种类型的谎言通常是无害的，甚至"有良好的出发点"。试想，如果你告诉珍妮她穿着新衣服很好看，或告诉迈克他唱卡拉OK很好听，这难道不是一件很美妙的事吗？这种亲社会性撒谎的结果就是令接受者对自己感觉良好。

> **真 相**
>
> 女性撒谎的原因比男性更多。

现在，请将上述结果与心理学家称之为"反社会性撒谎"的方式做个对比。所谓反社会性撒谎，指的是为了避免惩罚或者为了个人利益而撒谎。这种谎言通常会使别人受到伤害。科学家做了一个实验，要求受访者记录自己一周的人际交往和撒谎情况。结果发现，常见的反社会性撒谎包括以下方面：

- 对别人说：我找不开一美元
- 告诉别人你的微积分作业完成得很糟糕，而实际上你十分拿手
- 谎称自己对女朋友忠贞不贰[6]

如果匹诺曹是个女孩

男性和女性撒谎的类型不同，这种差异早在学龄前就开始出现了。我们的研究团队想更多地了解亲社会性撒谎和反社会性撒谎如何发展，于是招募了约 30 名学龄前儿童一起来玩个游戏，游戏目标是将 10 个纸球投进放在地上的一个柳条筐里。纸球就放在孩子们面前的桌上，每个纸球只能用一次。设定投进一个得一分，至少要拿到 7 分才能得奖。我们让孩子们站在离柳条筐大约 5 英尺（约 1.5 米）后的一条标示清晰的蓝线后面，规定投球时不能越线，否则视为作弊。我们在隐蔽处放了一个小型摄像机来捕捉

孩子们的表现。整个活动过程中研究人员一直背对着孩子们，假装忙着整理文件。游戏结束后，研究人员问他们："你们投球的时候有没有越线？"孩子们自己的回答会被拿来和摄像机拍摄下来的实际场景做比较，从中看出他们是在撒谎还是说真话。

接下来我们让孩子们观看一个大人做同样的游戏。规则相同，获奖的机会也相同。我们安排这个大人在孩子们都在场的情况下好几次故意越线投球。和刚才一样，待在房间里的研究人员依然假装没有注意到当时正在发生的情况。比赛结束之后，研究人员问了孩子们同样的问题："刚才这个大人在投球的时候有没有越线？"

这些学龄前儿童的表现和刚才我提到的那个房产交易的情形很相似。男孩们一般为自己撒谎，而女孩们会为了保护那个大人而撒谎。也就是说，男孩们更可能去编造反社会性谎言，因为他们不想被当场逮住作弊。但是女孩们对于自己被卷进麻烦并不在意，她们更多考虑的是那个玩游戏的大人，她们不愿他有麻烦。所以，女孩们撒了点小谎。尽管她们明明看到那个大人越线了，但仍然说他没有越线。

亲社会性谎言比无害的谎言更能让成年人开心。我们已经知道，撒谎需要从其他视角看问题，需要依靠某种智力因素（工作记忆）。如果我们把谎言从"坏"到"好"来分级的话，那么亲社会性谎言是最"好"的谎言。为什么呢？因为这种谎言是受共情和同情心高度驱使的结果。

当你撒了一个亲社会性谎言时，说明你将别人的感情优先于自己的感情，这就是所谓的共情。同时，你愿意冒着产生负面结果的影响去帮助他人感觉更好一点，这就是同情。所以你看，即使在很小的时候，女孩们就开始自发地培养这种技能了。

女孩长大成为成年女性之后会继续这种亲社会性撒谎行为，哪怕是在日常人际交往中也是如此，比如她们会说"这顿晚餐真好吃"或"你看上去很漂亮"。这并不是说女性不在乎真相或者她们认为真相不重要，而只是因为她们更在乎别人的情感。

所以，当你发现自己想编个无害的谎言时，请记住，这其实是你的工作记忆正在帮你想办法，但同时你也要关心自己的杏仁核。当你意识到自己撒了个谎，即便出于亲社会的原因，你也要关注大脑里发生了什么事。记住，你撒的谎越多，大脑中道德监管的标准就会被调得越低。

如果匹诺曹的鼻子是真的

我们是否相信有人会和盘托出自己撒了的谎？如果答案是"否"的话，那么他们的谎言中是不是有某种表征，能够显露其真实意图？有人会说，如果说话人眼睛看向别处，你就知道他们在撒谎。也有人说，如果你看到对方坐立不安或者扭绞双手，这就等于出卖了他们。但是来自西班牙的一组研究人员认为，我们没必要了解人们在撒谎时表现出来的那些表征，因为其实有一个更加明显的标记，而且这个标记是人所不能控制的。

下面就是研究人员了解到的真相。他们招募了一组受访者，把他们放在两组场景中。第一个场景风险较高，有很大心理挑战。他们让一半受访者说谎，另一半说出真相。第二个场景风险较低。同样要求一半人撒谎，另一半说出真相。[7]

两组场景中，受访者都坐在一个温控实验室里。这个实验室能够捕捉到温度变化的红外线影像。事实证明，我们小时候关于撒谎和着火的童谣并不完全正确。事实上，当人们在撒谎的时候，确实某样东西会"着火"，但那并不是你的裤子①，而是你的鼻子！因此这一现象被恰如其分地称为"匹诺曹效应"。据研究人员报告，温控摄像机在监测撒谎行为时，能够保证85%的准确率。

为什么是鼻子"着火"呢？因为人脸的这个部分对于温度的变化最为敏感。研究人员发现，当受访者高度焦虑、必须苦苦思索如何撒谎时，他们鼻腔的温度会升高。但当他们的焦虑程度没那么高，也不需要拼命思考谎言的时候，鼻腔的温度会下降，也就是说，你越是焦虑，越处心积虑编造谎言，鼻子越有可能"着火"。

---

① 英语童谣：Liar, liar, pants on fire. 字面意义：说谎，说谎，裤子烧光，意思是"彻头彻尾的谎言"。本章的章节名亦来自该童谣。——译者注

总结：女性比男性更擅长撒谎，但那是出于亲社会性原因。大脑的活跃模式说明，女性为私人原因撒谎不比为笼统原因撒谎更吃力、更困难。或许这是因为女性在一些私人的事情上撒谎更多吧。同时，女性更可能通过撒谎来保护其他人，这种方式甚至在小女孩身上就已经发现了。这说明，女性从很小就开始学习如何应对棘手的情况，为的就是帮助他人在情感上少受伤害。

用女性的方式思考

当你为了编一个善意的谎言而苦苦思索时，你应该认识到撒谎其实是一种智力的象征。大脑的工作记忆帮助你加工其中的社交线索，并且站在别人的角度看问题。下面是一些你能最大程度提升这种智力的方法：

1. **可以谨慎说出真相**

    你应该认识到，作为女性，你更可能用亲社会性谎言来保护他人的情感，这其中就包括花时间去考虑他人的立场（这一点很棒！）。站在他人的角度考虑事情，发挥共情的力量，温柔、小心地说出真相，也是一种可行的办法。扭曲事实真相（哪怕是出于好心想避免伤害别人的情感）并不是唯一的选择。

2. 倾听道德警察——杏仁核的声音

杏仁核是大脑的情感中枢。当你做了一件你自认为错误的事情（比如撒谎），杏仁核会有强烈的情感反应。不过，你撒的谎越多，大脑就越适应，大脑在情感上的敏感性也就越差。所以，关心一下自己的杏仁核吧，你要相信它，学会适时去倾听它的声音。

第六章

创意十足的大脑

释放你独一无二的创意才能

莎拉·豪斯泰德一边盯着摄像机看，一边从右到左变换着身体重心摆造型。她正坐在自家后花园里的一张粗木桌上，身上那件剪裁得体的红色夹克衫和梳得整整齐齐的浅棕色头发看上去与周围特别不搭。此时摄像机慢慢往下移，拍到了她的睡裤。"哦，亲爱的，你没必要把镜头拉得这么低。"她边笑边说："拍到腰上面就行，半身的效果最好。"[1] 她正在为《我们在一起，守望相助》这个节目拍摄和推广她负责的部分。这个直播节目专门为支持美国洛杉矶市抗击新冠肺炎疫情而拍摄。

豪斯泰德、提姆·艾伦、杰夫·布里格，再加上其他人合作拍摄了一个节目，在70多个国家上映。豪斯泰德那种自黑式的幽默特别吸引观众，一开始她拍摄的短片只有15秒钟，但不久之后就被延长至一个小时。

她的新喜剧秀名叫《旅行房车和猫》。这是一部自传片，讲的是一位来自美国密歇根州弗林特市的女士，发现自己整天为了一份不喜欢的工作而忙得团团转，而且还嫁给了一个不爱她的丈夫。于是，某天她买了一辆30英尺（约9米）长的旅行房车，把自己的猫和旅行箱全塞在里面，就这么出发去漫无目的地周游全国了。这个节目拍得适逢其时，因为那时候全世界的人都被要求居家隔离，保持社交距离。在足不出户的日子里，大家只能关在家里反复看电视剧，也不知道自己在被闷死之前还得看上多少遍才是个头。

豪斯泰德的幽默迎合了许多人当时的心境，她非常努力地与观众建立实实在在的交流。她告诉我，如果自己开的玩笑被人认为不好笑，那么最好的办法就是老老实实承认："哈，我也不喜欢那个笑话。"她会在直播拍摄当场承认这个笑话不好笑。这个方法看上去非常有用。"当我承认某个笑话不好笑的时候，观众会很开心，因为他们喜欢和节目主持人站在同一阵线。不过这其中的界限也很微妙，观众喜欢的喜剧演员可不能是那种业余水

> **误解**
> ———
> 女性没有男性风趣，也没那么有创意。

准的，而必须有能力掌控局面，收放自如。"²

谁是你最喜欢的喜剧演员或者你觉得特别有趣的人？如果你停下来仔细想一会儿，那么出现在你脑海里的这个人大概率是一位男性。喜剧表演或其他任何创意性的工作对于女性来说都很难驾驭。这主要是因为，人们普遍认为创意是属于男性的领域。这种观点不光只存在于男性主导的行业（如财经和建筑），在公众演讲中也有它的一席之地。

创意的魔力成分

美国杜克大学的研究人员做了一项特别研究，他们将 TED 演讲作为测试创造力的标准。由于我曾经也做过 TEDx 演讲，所以对这项研究特别感兴趣。研究人员让受访者看了 100 部超过 3,000 万点击量的 TED 演讲，主题包括科技、娱乐、设计、商业、科学和全球问题，要求受访者从下面这张列表中挑出三个词来描绘每一个演讲，你认为哪些词和创造力有关？

- 新颖巧妙
- 令人困惑
- 勇敢
- 吸引人
- 有趣

- 信息量大
- 令人鼓舞
- 长篇大论
- 有说服力
- 不可信

研究人员计算了受访者用"新颖巧妙"这个词来描绘一场 TED 演讲的次数。结果发现,他们用这个词来描绘男性演讲者的次数比描绘女性演讲者的次数要多大约 70%。[3] 豪斯泰德告诉我,她听过观众用来描绘她表演的所有形容词,从真实、有道理、聪明,到一钱不值,什么都有,但就是没有新颖巧妙。

这个研究还显示,人们普遍认为很多男性特质,比如勇敢、决断和竞争力对于创造过程来说更为重要。与此相反,那些典型的女性特征,比如愿意合作、会照顾人、善解人意则与创造性思维联系较少。为什么人们普遍认为男女之间在创意上存在差异呢?其中的一个解释根植于我们获得回报的方式。

有回报令人做事更有动力。通常情况下,当知道自己会得到回报时,你更有可能重复某种行为。比如,你修剪草坪或者是照顾弟弟妹妹如果能有工钱的话,那么你就会乐此不疲。但是创造力就没那么简单了,提供回报可能会破坏创意过程,因为一心只想着回报会使你对项目本身失去兴趣。

你会从最初的"内在驱动"（意即你因为想做或喜欢做而去做某事）变成"外在驱动"（意味着你因为想得到回报才去做一件事）。大量研究证明，金钱或物质回报会消解人对如艺术或音乐等创造性工作的兴趣。在与创造力相关的工作中，从内心寻求灵感远比追求回报重要得多。

对于豪斯泰德来说，做单人脱口秀本身就是回报。"当我收获掌声一片，感到地板都在震动时，真是令人欣喜若狂。我始终在追求那一刻，那感觉就像是跳伞或蹦极时肾上腺素在翻涌，让人望而生畏，不寒而栗，却又欲罢不能。每次走上舞台时，我都不知道接下来会发生什么。但是如果能让大家时而莞尔而笑，时而开怀大笑，我就特别开心。"[4]她告诉我。

每个人看待回报的方式并不相同。女孩们如果知道自己会被别人评价，她们的创造力就会打折扣，而男孩则不会受影响。另外，表扬的方式也会因男女差异而产生不同的影响。[5]以下是我们通常使用的表扬孩子的方式：

- **对女孩**：我们一般会说女孩"聪明"或"机灵"（这是一种对能力而不是对努力的表扬）。这种方式对她们的自尊心有很重要的影响。当你表扬一个女孩子的个人品质时，她们会把这一点和个人价值联系在一起，也因此会把失败看作是个人缺陷，认为自己天生不够好，所以表扬可能会让她们难以应对未来的挫折。但事实上，如果给女孩的表扬是与努力相关的话（比如"你干得漂亮"），那么她们会表现出更多的内在驱动力。

- **对男孩**：我们一般会因为男孩努力而表扬他们。美国芝加哥大学和斯坦福大学的研究人员发现，这种差异会对他们产生长远的影响。研究人员在男孩和女孩还是小婴儿的时候就开始跟踪调查，直到他们长到 8 岁。那些因为自身努力而受到表扬的男孩不仅更善于解决难题，而且相信自己可以通过刻苦努力而改变最终的结果。

> **真 相**
>
> 女性具备创造力，只是方式不同于男性而已。

要想提高创造力，不要试图设置评价体系或业绩参照。相反，你应该多想想，自己究竟喜欢哪个项目或哪项活动的哪个方面？是什么激励你承担那个项目？想办法让创造过程成为一件有趣、有生机的事情，不要一味让它成为被评估的对象。

打开你的网络

美国印第安纳大学的研究人员对人类在创造过程中的大脑区域进行了深入研究。在做一件有创造力的事情时，大脑各部分的关联度如何？[6] 他们发现，最有创造力的人会调用大脑部分区域，这些区域一般不会共同运作。他们大脑的某些功能被加强了，而另外一些功能则被减弱了。

额叶要负责执行许多技能，例如工作记忆（我的研究方向）、自我反省、自我抑制等等。有些科学家也将额叶当作意识中枢来看待。但是，在创造过程中，你必须减少额叶这部分大脑区域的参与。

男性和女性在使用大脑各区域的时候，有没有什么神经系统上的差异呢？尽管这方面的神经学研究极少，但是就大脑各部分联系的效率和强度而言，我们已经知道，在默认网络模式和突显网络模式之间存在着有趣的差异。

- **默认网络模式**：指的是大脑的"休闲状态"。当你正在做白日梦或漫无目的地神游时，大脑就处于这种状态。这一部分的大脑位于额叶，与记忆有关。它可以对头脑风暴产生重要作用，但是也可能会让你陷入窠臼。因为你在运用这一部分功能的时候，会去找回过去储藏的记忆，这就会导致产生一些陈词滥调。
- **突显网络模式**：这一模式在创造力方面是重要推手，因为它的功能就是将默认网络模式产生的观点分类。要知道，并不是每一个想法都值得付诸实施。所以，突显网络模式就是来帮你判别哪些想法应该保留，哪些应该扔掉。

在创作过程中，男性和女性使用大脑的方式截然不同。

女性倾向于采用较为笼统宽泛的方法来动用大脑的不同区域，这意味着思维方式将会更分散。当女性在进行具有高度创造力的工作时，她们从大脑的不同部分汲取养料，从而获得创意。

男性则倾向于选择更为具体集中的方法，他们从大脑的特定部位获取养料。当男性的创造力高度运作时，这些特定部位之间的联系将会更加直接。这种模式意味着，他们能更高效地加工大脑中有关"具体知识"的信息。

总而言之，将创意十足和平平无奇的人（包括男女）所区分开来的，实际上是他/她们大脑各部分共同运作的不同模式。正是大脑网络之间的同步性，才帮助你获得更有创造力、更灵活的想法——让你在无忧无虑做着白日梦的同时，能随时将大脑中出现的想法分类整理。所以，有创造力的人都特别擅长在思维的随心所欲模式（默认模式）和分析模式（突显模式）之间来去自由、游刃有余。

为了给你的大脑一个在两种模式之间自由切换的机会，先把脑中的想法放一放。美国得克萨斯大学奥斯汀大学的研究人员发现，即便是一次非常安静的20分钟的散步都会带来创意。创意不是瞬间发生的，你需要一小段孵化期才能将原创思想释放。这就是为什么有些灵光一现的时刻出现在你并没有想着那件事的时候。当你苦苦陷于一个想法而不得要领时，不妨暂且放一放，适时的距离会给你的默认网络模式提供露头的机会：默认模式这种白日梦状态会让你的大脑轻松地从一种思绪飞向另一种思绪，最终产生金点子。

拿豪斯泰德来说，她从来也没想过要正儿八经坐下来写个剧本。一切几乎都是顺势而为，没有什么计划。灵感来时，她就坐在车上听音乐，或者就像她自己说的："正跟着白色条纹乐队或歌手玛丽·布莱齐的歌曲摇摆。"[7]甚至有时好点子来时，她正在路上堵车。反正她的创意往往是在专心做无关紧要的事情时迸发出来的，比如正在买化妆品时，她忽然发现有一款腮红的名字很特别，叫作"高潮"以及"超级高潮"。于是她突发奇想：哪些顾客会只选择"高潮"，而不是"超级高潮"呢？如果选择前者而不是后者，是不是说明这位女性顾客通常都无法得到完全满足？这一款腮红会不会还有一个名字叫"准高潮"？想到这儿，豪斯泰德一边站在化妆品柜台的通道内，一边拿出手机，开始撰写自己的喜剧片段。

砖头和创意

可能你不会相信，一块砖头会使自己更加有趣、更有创意。不过，试试跟我一起来玩一下这个游戏。现在给你两分钟，请把你认为砖头所具备的用处尽可能多地写下来。

我在实验室里给160多个人出过这道题，下面是他们的答案：

- 镇纸
- 踏脚凳
- 砸窗户
- 锚
- 炉子
- 邮箱

我把这个同样的问题放在社交媒体上，以下是网友们的回答：

- 在上面画画
- 在上面写下自己的心愿，然后扔到湖里
- 拿着它做波比跳和肩部推举
- 在上面画一张笑脸，放在院子里，让路过的人看
- 创作音乐
- 在上面做倒立

如果你做了这个砖头游戏，就会知道这可不像看上去那么简单。大脑的默认网络模式会使你倾向列举自己平时熟悉的事物，比如和建筑相关的活动。但是，大脑的突显网络模式会将你推向另一面，让你提出一个很有创意、但不合常理的想法，比如说把砖头当作照相机来拍照。

砖头问题在1967年被首次提出。也许你觉得这个游戏不是很有创意，但是它对于剔除常见的回答（比如造房子），进而提出新颖的想法（比如在上面倒立）却非常有效。原创性是创造力的一个重要标准，砖头问题的设计就是通过让人从一件司空见惯的事情中提出不落窠臼的想法，从而测试参与者的创造性思维。

创造力的一个常见定义就是发散性思维。你还可能会将它理解为"突破性思维"，即人类的潜能可以让他们产生无限量的点子和解决办法。当然，发散性思维中也存在一点点不可预知性，有时候你想出来的点子其实很荒谬，但是有时候你还可能会提出一个富有创造力的、甚至是开拓性的解决办法。许多研究显示，你在砖头问题中想出创

意点子的能力，决定了你在真实世界中（无论是人文科学还是社会科学）的创造力。可以这么说，如果你觉得一块砖头可以被当作倒立的工具，那么你很可能是一个创意十足的人。

发散性思维与聚合性思维正相反。对聚合型思维的人来说，通常一个问题只有一个正确答案。当你用聚合方式思考的时候，可能一开始有很多答案，但是你会慢慢而有规律地将这些答案范围缩小，最终得出一个最好的答案。如果凡事喜欢有条有理、循规蹈矩，那么你很可能是一个聚合性思维的人。

在学校读书时，大家都知道聚合性思维可以让自己得到好成绩。回想一下你上学时的考试或小测验，不管你多么努力地和老师争辩，通常一个问题只有一个正确答案。但是，在人生路上，聚合性思维往往会导致思维定式。工作中如果你用大家都熟悉的答案来解决一个新的问题，绝不可能使你脱颖而出，反倒是发散性思维可以帮助你突破各种条条框框。

对于这一点，豪斯泰德深以为然。她告诉我，作为单人脱口秀喜剧演员，"每个人都有自己的表演方式"。这种观点就是发散性思维的前提条件。讲一个笑话有很多种方法，其中的诀窍就在于你得了解如何和听众打成一片。

对于喜剧而言，制造惊奇效果就是关键，甚至TED演讲者——至少是那些有创意的TED演讲者——也这么认为。

但是，聚合型思维中没有"惊奇"，只有发散性思维中有，因为发散性思维方式使得观众不知道你会把他们引向哪一条路。豪斯泰德在自己的喜剧秀中用的就是这一招：假设→构建→笑点。她先提出一个假设，然后去设想各种各样可能的笑料——成功的演讲者在演讲中往往会提供意外元素。豪斯泰德告诉我："如果观众都能猜出来笑话会往哪个方向发展，那就没意思了。"对她来说，那正是最难的部分。当你仔细分析这些笑话的时候，会发现有的其实没么好笑，但是你必须在当场制造出那种令人感到惊异的效果。

为什么在幽默中制造惊奇会如此重要呢？心理学家甚至是哲学家都曾经探讨过这个问题。有个术语，叫作不协调原则，指的是我们的预期和现实之间的落差。当别人告诉你一个故事时，实际上你的大脑已经飞速开动去推测故事的结尾，它会主动从过去的相似经验中提取信息，为讲话人可能将要去往的方向制定一张路线图。但是，笑点会将这种预期破坏。那一点小小的意料之外，十有八九会引来哄堂大笑。

那么女性是不是比男性更多地使用发散性思维呢？这要视情况而定。在砖头实验中，女性和男性在最初的反应上并没有区别。[8]但是，对大脑模式的一项调查显示，这个实验中男性和女性用的策略并不相同。女性通常更多使用大脑的语言区域，这一区域主要和语言加工以及社会感知相关，她们运用的主要是自我和他人的联系。与此相反,男性运用的大脑区域主要和陈述性记忆①(关于整个世界的知识)、规则学习以及决策相关。

即兴大脑或趣味大脑

让我们做个游戏,游戏的名字叫作"对,然后……"
我来写一个短语,请你用能够推动故事情节发展的方式,把这个短语补充完整。

玫瑰花是红色的。
(现在轮到你)对,然后……

安东尼·韦内佐拉是一位有着25年经验的即兴演讲专家,他也曾做过这个游戏,当时的他躺在一架脑部扫描仪下面——他是应神经科学家查尔斯·利姆的邀请,为后者探索在创造过程中大脑的运作方式来提供帮助的。之前利姆还找了一些音乐家来做这个试验(这是出于他自己对音乐的热爱)。[9]

实验以扫描韦内佐拉的大脑为第一步,让研究人员看到他的大脑如何运作。这一过程只需要5分钟。然后,利姆就用一台功能性核磁共振扫描仪来拍摄当韦内佐拉专注

---

① 陈述性记忆是长期记忆的一部分,与大脑中储存的所有事实信息相关。与之对立的是程序性记忆,指记住完成机械任务所需要的具体技能。——译者注

于一项特定任务时,其大脑的活跃区域(大脑的活跃程度可通过血流量的增加获知)。

韦内佐拉躺在功能性核磁共振扫描仪下面时,研究人员给了他几个常用短语,让他用"对,然后……"这样的表达来即兴创作,就像前面我做的实验一样。他必须接着研究人员的话即兴发挥,下面就是他们的对话:

玫瑰花是红色的。
研究人员:就像剧院里的天鹅绒幕布。
韦内佐拉:对,剧院是你大脑中的魔幻场景,对了,天鹅绒蛋糕是我的最爱。

韦内佐拉一直滔滔不绝地说着。做完这个游戏,他又玩了另一个即兴表演的游戏。"用5秒钟的时间想出适合特定范畴的三样东西。"研究人员告诉他。只见他连珠炮式地回应着研究人员:

手机应用程序:"Tinder[①],Facebook,Volume[②]。"
奖励:"所有东西吗?给我的吗?谢谢你。"
数字:"1,2,3。"
颜色:"红,白,蓝。"

---
① 国外的一款手机交友应用程序。——译者注
② 一款音量控制增强软件。——译者注

为了更好地了解当大脑处于创作过程中是如何运作的，利姆邀请了好几位即兴喜剧演员来作脑部扫描，韦内佐拉是其中一位。尽管行事严谨的利姆教授事先已经指出，要在扫描仪内完完全全捕捉到即兴表演的神奇之处并不可能，但他确实看到，事先做好准备的喜剧演员和这些即兴发挥的喜剧演员之间真的存在巨大的差异。

当利姆让喜剧演员平躺在大脑扫描仪下时，他发现，即兴喜剧演员的大脑在其语言处理区域显示出较强的活跃度。也就是说，流到他们大脑语言中枢的血流量增多，因此他们能够更快做出诙谐的回答。这种模式只在即兴表演的喜剧演员大脑中发现。他们的喜剧表演通常都没有事先排练过，也没有事先记忆过，所以必须根据演出情况做出同步反应，制造笑料——这种活动要用到语言能力。喜剧演员莎拉·豪斯泰德说，她最好的喜剧片段是在开演前刚刚写的。"比起长年储存在我记忆库中的陈年旧货来说，那些新鲜出炉的片段所收获的欢笑最多。"[10]

利姆教授发现，不仅仅喜剧可以激活人类大脑中的语言中枢，音乐也一样可以。当请到世界上最好的低音提琴手迈克·普博躺在他的大脑扫描仪下面时，利姆发现他的语言中枢也同样亮了起来！音乐也是一种语言。即使歌手在独唱，那也是在和听众进行对话。那种交流富于创意，很有表现力。

利姆教授还不失时机地告诉我们，每个人每天都在经历着一个富有创造力的过程——说话！[11]如果你想改善自己大脑中的创作网络，就要想方设法去和别人进行有别于日常闲聊的对话。即使一开始你觉得很不自在，发现别人的观点和你不一样，别人有的技能你却没有，但你还是应该坚持这么做。下一次你可以停下来喝杯咖啡，花点时间和某人搭讪。即便他们正在讨论昨晚的比赛，而你压根儿没兴趣，但你依然需要努力学一些新事物。这样做的话，你会收获有创造力的大脑。

如果你觉得自己缺乏创意，那说明大脑需要建立一些新的联系。要记住，当你大脑的创意部分可以从不同事物中吸收养分的时候，它才能更好地运作。不要强迫自己用某种方式思考，把自己的大脑想成是一个网络。你可以从不同部分吸收信息，最终提出一个新颖巧妙的好创意！

总结：女性具备创造力，只是方式不同于男性而已。女性可以从大脑的不同区域吸收养分，提出创见。这是女性思考的普遍方法。

用女性的方式思考

使用以下的小窍门，充分利用大脑联系模式，提升创造力。

1. **不要在意外界评价**

   让创造力发挥过程既有趣又有机统一，不要将它看作是被评估的一样东西。多想想项目中让你开心的部分，别去考虑你的表现会得到怎样的评价。

2. **与自己的想法保持距离**

   创意不是瞬间发生的，短暂的孵化期有助于释放创造力。还记不记得我们是怎么谈论大脑的默认网络模式，也就是"休闲状态"的？退后一步，与自己的想法保持距离，也给你的默认网络模式一次表现的机会。

3. **提升发散性思维技能**

   要提高发散性思维，一个有趣的办法就是头脑风暴。你可以做一些如砖头游戏那样的游戏项目，挑战自己从司空见惯的物体（如砖头或铅笔）中提出新颖、有创意的使用方法。你也可以和自己的朋友们一起做这个游戏，谁能够提出最有创意的想法，谁就是赢家。

4. **创造新的对话机会**

   寻找一些与日常闲聊不同的对话机会，改善自己大脑的创意网络。

第四部分

感觉脑

第七章

快乐的大脑

培养健康快乐大脑的好习惯

我不喜欢点蜡烛,但是看到祭坛上小玻璃杯中那令人昏昏欲睡的火苗时,就情不自禁地想去点燃它。我盯着火苗看了一会儿,低下了头。此刻我并没有什么话要说,尽管我从小养成了睡前做祷告的习惯,但是此刻我一句祈祷的话也想不出,只好沉默着站了一会儿。周围的人流熙熙攘攘,有人在大声说话,有人在悄悄地自拍。很奇怪,在这种环境下我竟然能有这样片刻的宁静。就在圣彼得堡大教堂大殿内那间对外开放的房间里,快乐的感觉在我心头闪现。

　　暑假期间我去了罗马，在世界上一所最古老的大学做访问教授。我去过罗马好几次了，但是这次不一样。事实上，对于我而言这是一个极为艰难的暑假。那段时间我结束了自己的婚姻。我想，接受这个职位既能够帮我散散心，摆脱心乱如麻的状态，也能够给我提供一个机会，让自己能专心投入热衷的工作和职业。但是这儿有许多地方都勾起了我的回忆，让我想到当年我们俩同游的情形。

　　什么事会让你快乐？那天一早，我的同事就问了我这个问题。这个问题并非针对我个人对于幸福的追求，实际上我们是在做一个研究项目，调查对人类精神健康起重要作用的因素。可是当我们坐在他的实验室，就这个科学研究进行文献回溯时，我忍不住又回想起了自己的那段快乐时光。

　　我想起了作家格兰琴·鲁宾提的问题。当时她花了一年时间追寻幸福。"花这么多努力追求我自己的幸福，这是不是一种极度自私的行为呢？"[1]她发出这样的疑问。我们都希望得到幸福，追求幸福甚至都被写进了美国宪法，是美国公民不可剥夺的权利。对幸福的重视，甚至可能是迷恋，好像是西方人独一无二的追求。我的童年在马来西亚度过，我从来不记得是不是有人问过我，我是否快乐？人们会问我学习是不是努力，是不是听父母的话，是不是一个好姐姐，但从来不问我是不是快乐。可是在美国长大后，我经常听人们提到这个话题。（不仅仅是因为做研究才和别人聊起这个话题！）

那么，什么事情可以使你快乐呢？

我的快乐可能和你的不一样。最近有人对我说，快乐意味着他们在几年内就可以退休，然后每天可以做家具。也许思考快乐的一种方式，就是去审视它的意义语境。当我们有机会去追求对自己有意义的事物时，我们就能体会到快乐。意义真的是一个关乎人类存在的问题。

你觉得什么是有意义？我建议你在读这一章的时候，好好考虑一下这个问题。也许你会发现，你花费大量时间在上面的事情对你而言其实并不真的有意义，因此你可能感受不到快乐。当然，也有可能你发现自己花费大量时间追求的东西很有成就感，它是你快乐的源泉。

> **误　解**
>
> 和男性相比，女性更难感受到快乐。

现在请你想想快乐的对立面——抑郁。当然，造成抑郁的原因有各种生物学和社会因素，但是其中一个很大的原因来自失控。如果你认为自己对于生命中的各种事件能够把控得当，那么即便面对挑战，你还是很可能积极乐观地采取行动来应对难关。

与此相反，有些人却认为他们对于自己正在经历的事情几乎无能为力，或者他们认为这些事情的发生纯属偶然、无法控制。这些人很可能会觉得痛苦不堪，导致行为消极。因为他们认为自己无论采取什么行动都没有任何区别,不可能改变正在发生的事情。最终他们会慢慢积累起一种无助感、无力感,就因为他们认为自己的行为无法改变结果。

现在我们来看几组问题,以下哪一项最能描述你的感觉?

a. 生活中许多不快乐的事情之所以发生,部分原因要归咎于运气糟糕
b. 人类的不幸源于他们犯的错误

a. 不管多努力,有些人就是不喜欢你
b. 让别人喜欢不起来的人不懂怎样和他人相处

a. 我经常发现,我认为可能发生的事情真的发生了
b. 对我来说,相信命运从来就没用,还不如早下决心,切实采取行动

有一个术语叫作"控制点"①,指的是个体对生活中的事件和经历能够做到"一切尽在掌握"。控制点理论在一定程度上能够解释为什么有些人能够游刃有余地适应生活的种种磨难,而另外一些人却很容易患抑郁症。

刚才三组问题里,如果你选择 a 比较多,说明你有较

---

① 亦称控制观,由美国心理学家、社会学习理论代表人物洛特提出,分为外控点和内控点。——译者注

强的外部控制点，意味着你相信你身上发生的事情是命运的安排，而不是在自己掌控范围内的。

如果你选择b比较多，说明你具有较强的内部控制点。意味着你相信生活中发生的事情，不管是好是坏，都是源于你做的决定和你采取的行动所导致的。

具有内控点并不是说你认为自己可以掌控周围一切事物。相反，它意味着你将关注力定位在自己可以控制的事物上。在遭遇压力山大的情况下，这是一种很常见的应对之策，辨别什么事情或行为是在你自己掌控范围内的，然后将精力放在这些事物上。这种简单的策略对你来说很有意义（因而可获得一定程度的快乐感），哪怕身处困境也依然如此。

> **真　相**
>
> 女性比男性更易受抑郁情绪的影响，但是可以学习如何让自己快乐。

现在让我们来看看刚才那个框框里的谬误，其实这种看法有一部分是对的。女性遭遇抑郁的可能性是男性的两倍。但身为女性，抑郁并不是什么天经地义或可以预见的事。也就是说，身为女性并不意味着你必然会遭遇抑郁。

大脑中有一个地方叫作蓝斑，负责分泌一种名叫去甲肾上腺素的荷尔蒙。抑郁症、焦虑症甚至失眠都和缺少这种荷尔蒙有关。女性大脑中与压力和抑郁相关的受体是男性的三倍，这就能解释为什么女性更可能受到这些波动和影响。

如果你是一名受到抑郁症困扰的女性，能够对付你大脑里神经化学的一个有效方法就是做运动。有一项研究发现，做运动和药物治疗同样有效。[2]为什么运动能有这样的功效呢？因为它能促进去甲肾上腺素的分泌，去甲肾上腺素好比大脑神经发射器，它的缺少与抑郁症相关。但是在你不开心或抑郁的时候，这种荷尔蒙很难被激发出来，所以需要运动的介入。我们可以把锻炼从一个简单的小动作开始，比如，第一步，对自己说："我今天会穿运动鞋。"研究显示，与不穿运动鞋相比，穿运动鞋会让你更有可能去参加锻炼。作为一名临床心理学家，我知道抑郁症还会让人身体虚弱。如果你出现抑郁症的征兆时，记得一定要向医生或心理治疗师寻求治疗方法，没必要一个人扛。

快乐和你之间的原动力

男女在快乐感方面之所以存在差异，可能是因为原动力有区别。你在工作中有原动力吗？你在家里有原动力吗？拿我来说，在罗马的夏天，我感觉我工作时有动力。我爱我从事的工作，即便是长时间工作或周末工作我也不会感到麻烦，因为我太热爱它了。

在家就不一样，动力少多了。尽管我特意用一些积极的活动开始每一天，比如外出跑步、写一点感恩的文字等，但还是让我觉得特别费劲。有时候哪怕是一些很简单的活动，比如去超市，都会压得我喘不过气来。我感觉自己下不了车、进不了商店。我会告诉自己，我所要做的就是先迈出右脚，然后是左脚。我就这样不断重复告诉自己，直到最后来到超市。

那么这种有动力或者缺少动力的感觉是怎么影响你的快乐状态的呢？请念一下这些句子。

注明你与下列情况的契合程度（1分是完全不符合，5分是完全符合）。

- 我的决定代表着我最重要的价值观和感觉
- 我非常认同自己做的事
- 我的行为和我的为人一致
- 我全身心赞同自己所做的重要决定
- 我想要的或在意的事情逐渐影响了我的决定

这五种情况测试出一个人的动力感，也就是在何种程度上一个人认为他/她是自己行为的主人。在心理健康和快乐方面，男性和女性的表现是不一样的。对于男性而言，他们如何感受上述五条对于自己的心理健康有着极大的影响。那意味着，当一个男性感到他能够掌控和管理自己的行为和人生时，就能感到快乐。或者说他越有主宰感，就表现出越少的抑郁征兆。也就是说，男性对自己的行为越有原动力，快乐感越强。

现在有趣的地方来了。我实验中的女性和男性一样具有相似的动力感和把控感，但这对她们的快乐感却没有什么影响。作为女性，光有掌控感、决策感是不够的，还有其他东西对她们的快乐状态影响更大，请看下面的句子。

根据你对下列句子的认可度来评级（1分为强烈反对，5分为强烈赞同）。

- 我的注意力总是集中在我希望自己不去想的方面
- 我好像总是在大脑里重演自己最近说过的话或做过的事
- 有时候很难不去想关于自己的事
- 当我和别人争辩或吵架过去很久之后，我还是老忍不住去想那件事
- 我常常会回味或者思考很久以前发生的事情

"思维反刍"是心理学家用来描绘"想太多"的一个词。它和抑郁症有很大关系，女性更可能发生"思维反刍"——在脑子里反复上演一件痛苦的事情或想法。研究表明，这种行为是抑郁症的头号警钟。我在研究中发现，男性比女性发生"思维反刍"的情况少得多。

为什么女性发生"思维反刍"行为的概率高于男性呢？其中的一个解释是由于青春期、怀孕、分娩、绝经而导致的荷尔蒙波动引起了这些差别。另外一个解释是心理学层面的，你的女性身份使你默认自己要比男性更可能反刍或反复思考自己的抑郁情绪。[3]但是，那并不意

味着你不能改变这种行为。

下一次你发现自己脑子里又反复上演负面事件，然后开始胡思乱想的话，试试看用以下方法叫停：

1. 大声喊"停！"：有意识地逼自己将注意力从负面情感中转移开来。
2. 换一个词：不要说"对，但是……"，把它换成"对，而且……"。因为"对，但是……"往往和负面态度相关。你要学会通过思考和情境相连的积极事物来进行积极重构，用"对，而且……"就能够帮助我们有意识地重构情境。科学家发现，我们越能积极地重构情境，就越能重建脑回路，从而向积极情绪靠拢。[4]

快乐和感恩

研究表明快乐和脑电波有关。尽管如此，你可能也听说过快乐实际上是一种选择，这一点我和很多人说过，甚至对自己也说了无数遍。但是当你的大脑和你对着干的时候，你怎么才能选择快乐呢？答案就是：心怀感恩。一颗感恩的心会在你寻求快乐的时候改变你的大脑反应。

每天早晨我一起来就开始进行五分钟的感恩活动，有时候在心里向比我伟大的人物表达感激之情；也有时候向我心存感激的事物大声说出感激之情。

马克克劳和他的同事发现，一个小小的感恩举动会对我们的心理健康产生巨大的作用。他们招募了200名受访者，把他们分成以下小组。

1. 第一组受访者要回答的问题是：回想一下上个星期发生的令你感恩的四件事情，并写下来。[5]

回答包括：

- 感恩今天早晨还能醒来
- 感恩朋友的帮助
- 感恩超棒的父母
- 感恩英国滚石乐队隔空重聚

2. 第二组受访者要回答的问题是：回想一下今天遇到的四件麻烦事，并写下来。[6]

回答包括：

- 无人清洁的脏乱厨房
- 迅速缩水的钱包
- 路上遇到笨蛋开车
- 给朋友帮了个忙，别人却不领情

研究显示，和列举这一周的麻烦事相比，表达感激之情会让你对整个人生都感觉更好，对于未来的一周也更加乐观。

哪怕是一个小小的感恩举动，比如说写一封感谢信，都会影响你的大脑状态。一项大脑扫描研究发现，表达感激可以将你的大脑训练得更敏感，今后也会产生更多的感恩之情。研究人员认为，你的感恩举动越多，你就越容易适应这种模式，这会使你提升快乐感，[7]而且这种效果具有长久的作用！三个月之后，研究人员将这些受访者重新带到实验室进行脑部扫描时发现，他们和三个月前一样依旧表现出相同的与感恩行为相关的大脑活动模式。

众所周知，大脑有其独有的运行模式，它更多是用来思考的。但是，人们可以通过保持大脑健康、拒绝陷入负面情绪和表达感恩等举动来让自己的大脑学习快乐的方法。因此，从某种程度上来说，快乐可以是人类自身的选择。

总结：女性的大脑容易思虑过度，这也许会影响她们的快乐感，但是一些简单的小习惯会让你的大脑快乐起来。

用女性的方式思考

1. 保持大脑健康和快乐

- **锻炼**：锻炼是改变大脑神经化学的一种有效办法。一项随机控制的研究发现，锻炼的效果和药物的疗效一样。[8]为什么锻炼能够起到这样的作用呢？因为它能提升去甲肾上腺素，从而对抗抑郁情绪。但是去甲肾上腺素通常很难被激活，尤其是当你正在和大脑健康问题做斗争时。因此我们可以从一个简单的举动开始，对自己说："今天我要穿运动鞋。"穿运动鞋比不穿运动鞋更能提高你运动的概率。

2. 精神力量真的有用

- **转换视角**：如果你信仰某种宗教或精神力量，还要看看你的视角是不是负面的。建立在仁爱或大爱基础上的正能量精神力量会支持你拥有全方位的快乐感。

3. 原动力也很重要

不要胡思乱想，把注意力集中在你能控制的事物上。这里有一些前人试验过的方法，可以来改变思维反刍这种默认行为模式。

- **大声喊"停"**：下一次你发现自己脑子里老在回想一件消极事情的时候，大声喊"停"，逼自己将注意力从负面情感中转移开来。
- **换一个词**：不要说"对，但是……"，把它换成"对，而且……"。因为"对，但是……"往往和负面观点相关。你要通过思考和情境相连的积极事物来进行积极重构。
- **表达感激**：在快乐这件事上，感恩之情是改变你大脑回路的一个好办法。认为世界上存在上帝或一种崇高的力量在掌控着你周围的一切，可以带来感恩之心，帮你抵御现实生活中的压力（如经济压力）。回忆过去一周五件令你感恩的事情，表达感恩之情。或者向某人写一封感谢信，这些都可以用来帮助改变你的大脑回路。

- **咬铅笔头**：这种奇怪的举动有一种独特的力量，可以哄骗你的大脑进入快乐状态。这叫作面部反馈假设，其基础就是人们的行为可以主导他们的情感，你收缩肌肉的方式不仅表达出你对周边人的感觉，还能向你的大脑发出指令。你的面部表情可以改变你的感觉方式；微笑使你更快乐，皱眉头使你带有更多的负面情绪（比如沮丧或愤怒）。

那么为什么要咬铅笔头呢？因为咬铅笔头可以逼着你的面部肌肉呈微笑状。这种假笑和真笑用到的肌肉是一样的，它会向你的大脑发出信号：此时你很快乐。对来自全球各地的 11,000 名受访者的近 140 项调查显示，面部表情能够与情感的自觉行为互动。[9] 大脑时时刻刻都在监控身体的行为，这样就会影响我们的情感。比方说，如果你无精打采地坐着，那么就更可能感到沮丧。如果你咬铅笔头让面部呈微笑状态，它就会告诉你的大脑，此时你很快乐。

第八章

慷慨的大脑

女性赠予行为的背后

一切源于一个土豆。

2014 年 12 月，网上发生了一件奇特的事情，说起来这件事在网上传播的方式其实稀松平常。一开始它只是一个简单的请求，请求的内容也很普通，是人们常做的一件事。但是机缘凑巧，这看似平平无奇的一件事却引发了数百万人的好奇心。

说穿了，我仅仅是在做土豆沙拉，而且还没决定做哪一种。

7月的一天，阳光明媚。家住俄亥俄州的扎克·布朗坐在自己的电脑桌前，敲下了这句话。当时他怎么也不会想到，自己的这段话会带来如此大的反响。那天他本打算在众筹基金平台Kickstarter上筹募10美元以完成他做土豆沙拉的计划。他老老实实地写道："这个计划可能不太会成功，毕竟这是我第一次做土豆沙拉。"

一开始，布朗制订土豆沙拉计划纯粹是为了好玩。他和朋友们开玩笑说，为庆祝7月4日美国国庆节，他想举办一个土豆沙拉派对，于是就在Kickstarter上发起了募捐。其实他本来就只是打算把预览链接发给朋友而已。[1]

只要稍微看一下谷歌的搜索记录，就会发现，在7月4日前一天，"土豆沙拉"这个词是搜索频率最高的。[2] 当Kickstarter网站验证通过布朗在7月3号发的信息之后，他意识到这是一个千载难逢的好机会。于是他将这次募捐活动弄成了网上直播，将链接发给朋友，让他们现场参与。30天之后，布朗最终收获了约56,000美元，就靠……土豆沙拉！

募捐款越来越多时，扎克许出的承诺也越来越多。比方说，只要付20美元，你就可以获得下列回报：

- 扎克创作的以土豆沙拉为主题的俳句
- 你的名字将会被刻在一只用来做沙拉的土豆上
- 一罐签名的蛋黄酱
- 土豆沙拉配方

- 扎克在做土豆沙拉时，你可以和他一起待在厨房里
- 有权选择一种适合调配土豆沙拉的食物原料，将它加入扎克的土豆沙拉
- 可以吃一口扎克做的土豆沙拉
- 得到一张扎克正在做土豆沙拉的照片
- 扎克会在网站上给你发个感谢
- 扎克在做土豆沙拉时，会大声喊出你的名字[3]

最后的大奖花落一笔 110 美元的捐款。大奖名曰"白金土豆"，捐赠者将得到一本食谱、一件衬衫、一顶帽子、一小份土豆沙拉、一张扎克正在做土豆沙拉的照片和扎克在网站上送出的一个感谢，而且扎克正在做土豆沙拉时会大声喊出你的名字。哈，看起来这一单挣得不赖！

> **误解**
>
> 女性比男性慷慨。

土豆沙拉和你

身为女性的你，是不是已经给布朗的土豆沙拉项目捐款了？你在网上捐过多少次款？也许你还没有在 Kick-starter 网站上捐过款，但你可能在脸书上给朋友的精品慈善项目捐过。你有没有这样的经历？一年只见一次的鲍勃

叔叔或是你多年未见的高中朋友吉姆来找你，不是为了要生日礼物，而是让你加入他的募资队伍给他募资，支持一个非营利性组织。没错，这些众筹的由头各种各样，对象可以是一所当地的学校，一个艺术项目，或一个海洋污染清理项目等，不一而足。

研究人员发明了一个词，用来描述那些使用数据技术来关心他人、为他人谋福利的做法——数据利他主义。这种利他行为不同于那种本人亲临现场的做法，因为这只需要一点点的努力，而且通常见效很快。你只需要点击一下链接或者是收看一段广告就能完成慈善募捐。数据利他主义在我们身边无处不在。比如，如果你选择网上购物，那么一部分的购物款就会捐给慈善事业，你还可以在各种游戏网站上参与答题，答对了就能捐助各种形式的社区关怀项目，比如提供水和药品。

在所有数据利他主义行为中，众筹一马当先。虽然我自己并没有在 Kickstarter 网站上创建过众筹，但我确实帮助过一个朋友，给她集资自费出一本食谱。她叫杰西卡，和我一样也是斯里兰卡裔。她把食物拍成图片，放在照片墙上。那些图片让我看了忍不住思念家乡，让我想起小时候妈妈和祖母在厨房里终日忙忙碌碌，做出一道道美食的情景。虽然在我想象中，这些美食最终能大功告成也有我的一份功劳，但其实我做的通常都是很简单的工作，比如给豆蔻干籽剥壳、将桂皮磨成粉或者给红辣椒去籽等（给红辣椒去籽是我最不爱干的活，因为我总是在揉眼睛的时候忘记了指甲缝里还隐藏着红辣椒的威力！）。

正因为食物在我的童年回忆中占据了很大一部分，所以当杰西卡向我发出请求，为她的食谱出版计划出一份力时，我不假思索地点击了捐款键。作为报答，她把食谱的 PDF 版发给了我，那里面全是让人垂涎三尺的美食插图。不过我得承认，我有点小小地嫉妒那个获得大奖的捐款者——他得到了享用一次双人晚餐的机会，那可是杰西卡亲手准备的美味。

大多数的捐赠者和你我一样，我们付出的很少。扎克·布朗那个土豆沙拉计划的参与者也是一样，大约 70% 的支持者捐赠金额为 1—4 美元。如果只有这些小额捐款的话，投资者通常是没法达到筹款目标的。以布朗为例，最多的捐款其实就来自于 12 个人。大部分（大约 75%）捐款者为男性。捐赠者显示出的这种性别特征与 Kickstarter 平台上的主流用户数量差不多，根据调查显示，平台 75% 的访客是男性。[4]

自我报告调查显示，女性认为自己比男性慷慨，但是在研究中这种差异并不是一以贯之的。在某些研究中女性看上去更为慷慨，比如说单身女性向慈善事业捐款数额比单身男性要多。但是，在已婚人群中，男性和女性捐款的数量差不多。[5]

实验室的场景设置可以提供一种更为系统的研究男性和女性捐款行为的方法，这就好比是一个缩影，可以让我们了解人们是怎样给他人捐款的。至于其他因素，比方说社会期待、伴侣是否同意以及捐款数额是否公开等，这些在实验室模拟场景中都可以得到有效制约，如此可以使研究人员集中于一两个主要因素，而不会把数据弄乱。

赠予的游戏

现在请来和我玩一个游戏，想象一下你正身处一个灯火通明的大演讲厅。尽管你身边有其他人，但他们离你都有些距离。除了间或点头示意，没有人进行互动交流。我给你一个数字，这个数字是你的，而且独属于你，别弄掉了，没有备份。游戏结束的时候，你得用这个数字去换取奖金。

接下来我会给你一些代币，然后让大厅里的另外一个人和你组搭档。现在你要开始做几个决定。这些代币的价值不一，就看你怎么用它们。你可以一共交换8次，交换的代币数上升，每一枚代币的价值就下降。8轮过后，你可以用刚才我给你的那个数字去领取奖励金。游戏的玩家只有一个——你，你有权做出任何决定。好了，现在给你50枚代币，看看这个游戏怎么玩。

场景一：大方赠予，价值翻倍

如果这些代币你都留给自己，那么每一枚代币你可以获得10美分。

如果你将代币赠送给搭档，那么你赠予的每一枚代币可值20美分。

你可以将代币全留给自己，也可以都送给搭档，或者留一部分，送一部分。

场景二：自我中心，奖励三倍

如果你选择将代币都留给自己，那么每一枚代币可换30美分。

如果你将代币赠送给搭档，那么你赠予的每一枚代币可值10美分。

你可以将代币全留给自己，也可以都送给搭档，或者留一部分，送一部分。

这个游戏的名字叫作独裁者游戏。社会心理学家和经济学家常使用这个游戏去了解玩家是否会选择和一个陌生人分享奖金。对于玩家而言，无论怎么选择都没有损失，只是最后的奖励值有多有少而已，而到底多少则取决于你怎样分配这些代币。游戏预设的前提是，人们通常都会出于自私的需求，将自己的利益最大化，而不会选择让陌生人来分一杯羹。

来自爱荷华大学和威斯康星大学的研究人员让包括男性和女性的两组受访者共同参与这个游戏，以此探索人们选择赠予的方式和原因。[6]研究人员发现，与我们通常所设想的相反，两组受访者在慷慨程度上没有差别，他们都选择将自己的一部分奖励分给陌生人，而且数额相当。

而差别出现在这里，前面我们说过，不同的人获得的代币价格不同。想一想你自己能拿到多少收益，如果给别人的话，他又能获得多少收益？此时赠予行为产生的代价将会对我们的赠予方式有影响，男性与女性也就是在这一点上出现了差别。

当代币总额值更多的钱（第二个场景中），而你自己留着代币会收益更多时，会发生什么呢？研究发现，男性普遍都选择给自己留更多的代币，而女性却恰恰相反，她们给自己留的代币数量下降了。

当利他行为对自己代价更高时（场景二），女性更为慷慨，她们赠予得比男性多；当利他行为对自己代价较低时（场景一），则男性赠予得更多。

这种模式在现实世界中可以得到印证吗？在饭店里付小费就是一个典型的例子，结果与我们的研究数据相匹配。与女性相比，男性给多少小费更多取决于账单总额，账单总额增加了，男性给小费的数量就会较快下降，其速度超过女性。在这里，30美元是一个很神奇的临界点。研究显示，如果账单在30美元或以下，那么男性付小费的数量超过女性，但是如果账单超过30美元，那么女性付的小费则多于男性（按百分比计算）。[7]

> **真相**
>
> 男女在慷慨程度上没有差别，但女性的慷慨更多出于社会因素。

赠予和情感

你为什么会赠予？因为你有情感。你肯定已经知道，女性是情感动物，她们的情感大脑影响自身的决定、与他人的关系、快乐感甚至更多其他方面。从事慈善事业的人当然也了解这一点，所以他们的宣传图片上就只有孤零零的一个人。

你大概看到过慈善机构的宣传广告，上面是一个小女孩，正向你伸出手。那只伸出的手仿佛能穿过电视或电脑屏幕，来到你的面前。她对你说，只要一点微薄的捐款，一杯咖啡的钱都不到，就能供她和家人喝一个月的净水。

这种宣传方法叫作"一个人撑起一片天"。要是有人直接跟你说，在世界上的某些国家，净水非常稀缺，所以你的捐助很重要，你可能不会相信他们，因为他们要做的这项工作太庞大了。你会觉得，就算自己捐了一点点钱，但和巨大的需求量比起来，不过是杯水车薪而已。

但是，现在让你看到的是一个小女孩的画面，它会在你们之间建立起联系——你是这项大事业的贡献者。当你看着小女孩的双眼，你会由衷地感到，你可以真正改变她的生活，你的捐赠行为是真实可感的。这种联系能够强化你内心的感受。下一次当你开车经过咖啡馆时，你很可能就会投一点钱给这个基金，你甚至还有可能拿那个女孩的头像做成冰箱贴。

为什么会这样呢？现在有必要了解一下，在这一转变过程中我们的大脑里究竟发生了什么。

在加利福尼亚的一个实验室里，20名受访者正在一台大脑扫描仪下接受一项实验测试。[8]他们安静地平躺着，同时看着眼前的人物照片（照片中是6男6女）。然后，研究人员请他们来模仿一下照片中人物的面部表情，愤怒、恐惧、快乐或悲伤。研究人员以此来测试镜像神经元的力量。

平时在生活中，当你看到某人的一个动作，镜像神经元就会启动。比方说，你看到一个人拿起一只杯子，你大脑的运动区就会活跃起来。遇到情感变化也是如此，当你看到一张开心的脸庞时，也许你会感到自己也在微笑；当你看到某个人很生气的表情时，你的眉毛也会相应地皱起来。正是因为这个原因，大脑的这部分神经元被称为思想的镜像。

> **真 相**
>
> 女性的赠予行为出于共情心。

镜像神经元可以解释一种强大的社会现象，这种社会现象被认为是利他主义的起源——共情（同理心）。共情源起于模仿行为，在人出生后不久就具备这种能力。当婴儿只有几周大的时候，他/她们就开始这种模仿行为了，比如说动手指、伸舌头、张嘴等。

我们通常认为人天生就有共情力，它就像吮吸母乳和觅食那样，是一种反射行为。但实际上，我们是通过观察和模仿他人来学习社会交往的，这种处于萌芽状态的社会交往和模仿行为就构成了日后共情力发展的基础。

现在让我们回到刚才加利福尼亚的那个实验室。受访者从扫描仪下面出来之后，开始做独裁者游戏。镜像神经元和独裁者游戏以及共情有什么样的关系呢？研究人员发现，其中某些人已经对自己的镜像神经元实施了增压。当被要求模仿照片中人物的面部表情时，他们的大脑反应最强烈，尤其是在与情感相关的大脑区域（杏仁核）和与共情相关的大脑区域更是如此。接下来他们变得更加慷慨大方，在独裁者游戏中将75%的财富都送给了别人。研究人员将这种现象称为"镜像冲动"，因为他们模仿他人面部表情的动作激活了自己的镜像神经元。镜像神经元一旦强烈迸发，人就会感受到更多联系和共情，所以也就更倾向于将自己的所得慷慨赠予他人。

与此相反，有些受访者最剧烈的脑部活动则发生在大脑前部，即前额叶皮质部分。这些人往往是最小气的，他们平均只给出了总资产的10%~30%，这是为什么呢？因为前额叶皮质这一部分主要负责控制冲动和调控行为。当你的大脑对捐赠要求思前想后时，你捐赠的可能性就降低了。前额叶皮质就管这一块，它的作用好比是一个负责人，负责审查决定、制定目标并贯彻执行，它不可能因为你感觉到了某样东西就让你捐钱。

所以，如果你想变得更加慷慨，就需要降低前额叶皮质活动，增加共情力。或许你属于那一类镜像神经元容易受到加压的人，那就最好！但是就算不属于那类人，你也可以培养共情力、提升慷慨度。有没有什么最快的捷径呢？那就是看着照片模仿别人的面部表情。这个简单的动作会刺激你的镜像神经元，使你更可能表现出慷慨大方的一面。你也可以在和别人谈话的时候来完成这个过程。有些人天生就会反射交谈对象的面部表情，有些人则不会。如果你不会的话，可以在他们微笑时，训练自己微笑来映射对方的表情等。通过练习，你的共情力和慷慨度将会得到提升。

赠予和归属感

现在我们已经知道共情力是促使人们更加慷慨的重要推手，但是男性和女性感受到共情的原因却并不相同。因此，在发生赠予行为的时候，二者的反应也不同。那么共情与数据利他主义这种新型慷慨行为存在什么样的关系呢？

为了显示人们在网络上表现出的慷慨程度，我和研究生希瑟做了一个社交媒介行为刻度表。我们想了解人们在网上是怎么互动交流的，包括亲社会行为（助人）和反社会行为（找碴吵架）。我们从大学校园里、社区内、当然还有社交媒体网站上招募了一些受访者，让他们来回答问题。这些问题包括：你觉得自己和他人在网上的关联度如何？为什么你们要使用社交媒体平台？你在网上是否有过赠送行为？在此之前，我们做的第一件事情就是提一些问题来测试这些受访者的利他感，比如"你是不是觉得，如果他人没有能力帮助自己，那么你就有义务去帮助他们"等。

我们还根据他们在网上的互动，观察他们的共情水平。比如说我们会问：如果他们在网上对别人很友善，这会不会让他人一天心情都很好？在网上回应别人的评论会不会让他人的自尊心得到满足？或者让他人开心微笑？

上述亲社会行为与归属感和团体感相关。但是结果显示，对网上他人感受的共情能力和关心不是利他感的重要因素。在我的研究中，男女都是这样。

我研究中的数据显示，男性和女性在思考是否应该帮助他人时，有不同的动机。对女性而言，她们感受到的社交联系度越高，就越有可能表现出利他的一面。我研究对象中的女性都有一种归属感，具体表现为希望在网上交友。正是这种归属感让她们感觉联系更紧密，共情力也得以提升，这样一来她们就更可能表现得慷慨大方。

对于男性而言则是另外一回事。他们在感受到需要保护他人之时，才会更加有动力。我将这种倾向称之为"英雄主义"动机。男性普遍对以下这些言论反应强烈：

- 我看到有人在社交媒体上被欺负的时候，觉得自

己有义务挺身而出
- 要是我袖手旁观有人在社交媒体上被欺负，那我后面一直都很担心会发生什么
- 当我看到有人对他人发表粗暴言论的时候，我觉得自己一定要说些正能量的话

这些言论反映了他们想要去保护他人、成为英雄的心理。一个人保护他人的欲望越强烈，就越可能表现出慷慨和利他的一面。

高价信号原理

高价信号指的是那种看上去非常奢侈甚至是浪费的行为，也就是说你的某些行为没有直接目标，或无法从这些行为中得到即时利益。但是这些行为却能如信号一般，传递出关于行为发出人的某些信息。根据这个原理，一位男性如果做出某种"拯救"行为，实际上是为了给自身具备的优势打广告，这样他就更可能吸引到心仪的对象。所以，当一名男性在网上维护他人或者在社交媒体上挺身而出、警告网上霸凌行为时，这其实就是一个信号，说明这位男性正在"推销"自己的优点。

为了让自己变得更慷慨，你可以去找寻同道中人。当感到自己被一群人所围绕、所拥护（网上社群也可以）时，

你更可能表现出慷慨——而且不仅是在经济上——或许还意味着你更愿意分出自己的时间来帮助他人，或者愿意和一位需要帮助的朋友分享你的专业技能。

总结：当别人获得的回报更多时，女性通常选择将钱财赠予他人。女性的赠予行为还与共情力或归属感相关。

用女性的方式思考

如果你想让自己变得更加慷慨，就要降低前额叶皮质活动，增加共情力。也许你会问，为什么自己要更慷慨？什么时候应该更慷慨？如果你是一名家长或监护人，那么经常会出现你必须优先照顾他人需求，而非自我需求的情况。虽然我们经常听到社会呼吁，要给自己留点时间（这确实很重要），但是当有小家伙缠着你，需要你的关注，需要你花精力照顾他们时，"自我时间"就没有了。碰到这种情况，以下方法可以帮助你提升共情力。

1. **模仿我**

   你的大脑中有一种神经元叫作镜像神经元，当看到别人做某个动作的时候，它会被激活。同样，当发生情感波动的时候它也会有反应。镜像神经元会帮助我们培养共情力。如果你想变得更慷慨，可以看着他人并模仿他们的面部表情,这样做会激活你的镜像神经元,提升共情力。

2. **寻找同道中人**

   试着去交朋友,融入一个社群,哪怕网上的也可以。在网上交友可以让你有归属感,从而产生利他心理。

第五部分

领袖脑

第九章

共情的大脑

重新定义职场共情

伊莲娜·高莫兹盯着坐在桌对面的老板看,她飞速眨着眼睛,不敢相信自己听到的一切。毕竟,她很努力才做到现在这一步。

在一个主要由男性组成的管理层中,高莫兹担任首席财务官。她服务的詹德斯科公司位于硅谷,主营客户服务管理软件。高莫兹是这家公司的首位女性首席财务官,毕业于加州大学伯克利分校,之前在查尔斯·斯瓦布(即嘉信理财集团,全美最大的金融服务公司之一)和维萨集团工作。这些资历为她赢得了在詹德斯科公司的一席之地。

虽然拥有耀眼的简历和一连串骄人的业绩，她还是被老板叫来严厉训斥了一通。"你的目标定位错了，被人尊重比被人喜欢更重要。"老板对她说。在被喜欢和被尊重的这一段范围内，她太趋向于前者了。老板让她重新调整重心，提升个人价值。

在我对她进行采访的过程中，高莫兹重复了好几次那句话："不要担心没人喜欢你，你应该担心的是没人尊重你。"她边说我边飞快地打字记录。镜头中的她身着黑色套装，头发打理得干净利落，身后是一墙的书。看到她的样子，我下意识将自己几缕散乱的头发掖到耳后，抬起胸膛，挺直坐正。即使是隔着电脑屏幕，她都让人觉得信心满满、魅力十足。

"工作中要是有坏消息，肯定是由我来告诉别的同事，当恶人。这种事情一多，慢慢地我开始学习如何才能既坚持自己的立场，又被别人尊重，包括给下属反馈工作意见的时候也是如此。结果别人却误以为我想让他们喜欢我。你知道吗，这其中隐含的意思就是，如果你给了员工一个负面的反馈，他们就不再喜欢你了。"对高莫兹而言，这一次和老板的谈话改变了她的想法。她意识到，自己干这份工作，有时候不要把注意力集中在别人的情绪上，别太在意别人是不是喜欢自己。

商务教练吉姆·斯哥特说："我们从很小就习惯了要避免伤

误 解

女性在职场中更需要和别人产生共情。

害别人的情感。保护他人的情感当然没错，但是这种保护注定难以长久，你得跳出自己的同情心，认识到一点：需要保护的是你自己的情感，而不是其他人的。"[1]

我把这个观点分享给了高莫兹。"嗯，这倒挺有趣的。"她回答道。于是我继续开导她。

有一个专业词汇叫作破坏性共情，指的是当你顾虑太多的时候产生的结果。破坏性共情会使人怯于与他人商量协调。"的确，我在公司里经常看到这种现象，尤其是和新手共事的时候。"高莫兹回答道。

共情有时候也可能是一个糟糕的道德向导。是的，你没看错。虽然共情力常常引导我们去做正确的事情，但是也可能会诱使我们做错事。

我来给你讲个故事。

有一个慈善组织名叫"品质生活"。这个组织致力于让那些病入膏肓的孩子在生命的最后时刻活得尽可能开开心心。这其中有一个十岁大的孩子名叫雪莉·萨姆斯，她又勇敢又聪明。不幸的是，小雪莉得了一种叫重症肌无力的肌肉萎缩症，这种免疫缺失病的症状包括肌肉无力、眼睑下垂、面部肌肉向一侧倾斜甚至走路困难等。像开门或读书这种对别的孩子来说很简单的事情，对小雪莉而言都极为艰难。她在等待一项治疗，这项治疗将耗费巨资也无助于延长她的寿命，但是会改善她的生活质量。不过，同大多数患有该种疾病的患者一样，在她前面还排着长长的等待名单。雪莉的前景看上去并不乐观。

现在还有另一份即时资助名单。如果雪莉能够进入这个名单，那么"品质生活"基金会将会资助给她这笔高昂的治疗费用。但是在之前那张长长的等待名单上，还有其他的孩子排在雪莉前面。他们的病情同样危急，也同样需要"品质生活"基金会的帮助。究竟哪些孩子可以进入这张即时救助名单？这主要由他们病情的严重程度和生命剩余时间决定。

现在到了由你来决定的时刻。假设你有一个意想不到的机会，能够将雪莉从大名单中移入那张即时救助名单——这意味着你能够实实在在地帮到她，使她的生活质量大大提高。在你见过雪莉之后，你的耳边老是回响着她稚嫩的声音，告诉你她每一天的日常活动都像是一场艰难的战斗。或许你也有一个和她差不多大的孩子，你无法想象如果自己的孩子每天经历着与她同样的病痛，生活将会是什么样子？想到这儿，你自然而然就会想办法去帮助改善这类孩子的生活，好让他们活得舒服些。

现在请你再来读一下这个故事。这一次要以客观的视角来看，做决定时不要掺杂个人情感，要保持冷静和客观。想一想，如果你选择将雪莉放在即时救助名单中，那么其他在大名单中的孩子就只好等待更久，哪怕他们的需求更甚、生命更短。

这正是心理学家丹尼尔·巴特森和他的同事们让受访者做的实验。巴特森发现，当受访者读过雪莉的故事之后，75%的人都愿意把她从大名单中移到即时救助名单[2]，他们被雪莉的故事深深地打动了，以至于忽略了比她更需要帮助的儿童。

另外一部分人则被要求听完雪莉的故事之后，采取公正客观的立场来看待此事。结果和之前相比，只有三分之一的受访者愿意让雪莉插队，提前得到"品质生活"基金会的帮助。[3]

所以你明白了吗？共情会让人视野狭隘。因为你太关注于某一个人的痛苦，以至于当即就要挺身而出，甚至牺牲其他人的利益也在所不惜。尽管雪莉的故事只是为了研究而虚构出来的，但这个故事深刻反映出现实生活的真相。另一名心理学家保罗·布鲁姆告诉我们，共情会导致低效的决定。有一个名叫"许愿"的基金会，花了上万美元帮助一个快死的孩子实现一个梦想（当一回蝙蝠侠），而这笔钱本可以用来救助更多其他孩子。[4]

现在让我们回过头来看看高莫兹，其实这正是她正在做的事（只是程度较轻）——由于过于关注自己的一句批评可能会给别人带来的不爽情绪，她退却了，她不想成为那个传达坏消息的人，因为没有人会喜欢这样的一个传话人。但是，如果你的注意力老是集中在不想去伤害他人的情感上，那么结果就会导致员工不知道怎样来改善自己的工作，更好地进行团队合作。明白了这个道理，高莫兹开始重新调整自己的策略。她对我说："如果我真的是想被人喜欢的话，那么我很可能就会让步，哪怕这不是最好的结果。现在我该怎么说就怎么说，我学会了如何更好地进行协商和沟通。我希望自己能够因为坚持立场而赢得别人的尊重。"[5]

女性天生就有共情力吗？

这是不是就说明高莫兹处于劣势？是不是女性天生就有共情力？英国心理学家西蒙·巴隆-可亨对这个问题进行了深入探索，他和自己的研究团队观察了超过 55,000 人的基因样本，其中男性和女性的样本数大致相当。[6]

一说到关于个体行为的话题，就难免想到那些老生常谈的问题：你有没有怪过你的父母给了你不良基因？你有没有怪过父母不合格？我只是开个玩笑。这里的问题是，共情力是遗传的吗？研究人员找了三条证据来回答这个问题：

1. 男性和女性的遗传没有差别。也就是说，女性并不会天生就比男性更有共情能力
2. 男性和女性之间有着很高的基因关联。这意味着共情的基因结构在男性和女性身上高度相似
3. 共情基因结构与自述共情力的联系在男性和女性身上是一致的。研究人员会通过以下问题来判断哪些人具有自述共情力——"如果有人想在谈话中插一句话，我一下子就能发现""对于那些别人

无法第一时间理解、而我一下子就明白的事情,我觉得要向他们解释清楚很困难"[7]

不过,关于共情研究,我们才刚刚开始。尽管总体而言,男性与女性天生共情能力相似,但是随着女孩成长为女性,她们的荷尔蒙和男孩相比出现了差异,共情能力也开始发生变化。

> **真 相**
>
> 女性并非天生就比男性更有共情力,但是她们会因为自己的共情力,在社交活动中获得更多回报。

共情:你看到了什么?

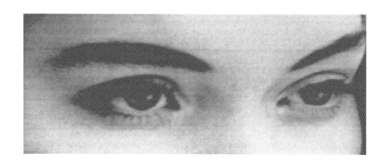

注意观察上图中的眼睛,你看到了什么?

你认为上图中的人正在想什么?或者感受到什么?选一个最能说明你想法的词,这个词可能是自动跳出来的,就如本能选择一般。你可能不知道自己为什么会选它。

现在从下列词汇中选一个来描绘你感受到的情绪:

沉思

惊恐

烦躁

不耐烦

巴隆－可亨的研究表明，女性更可能选择"沉思"这个词来描绘这双眼睛。巴隆－可亨发明了一种"眼睛测试"来衡量成年人的社会认知——当看着对方的眼睛时，你是否能设身处地站在他／她的角度思考或体贴他／她的情感？[8]他让实验工作室里的受访者在4个表示情感的词汇中选出一个来描绘25双眼睛，同样是通过看图的方式。巴隆教授发现，女性回答的平均正确率达到了84%（即21个正确），而男性回答的平均正确率为64%（比女性低了20%）。[9]这说明，女性在通过观察眼睛窥测他人情感方面强于男性。

这种读心术对于人类生存至关重要。当你从别人眼中读到了开心，你就更可能向他们靠近；当你读到的是愤怒，你可能只想快逃！

我给高莫兹看了这些眼睛，我很好奇她会看到什么？

"警觉，沉思。"她毫不犹豫地答道。

是什么帮助你读懂这些眼睛背后的情感呢？原来你需要的只是一点点的雌激素，这在女性身上当然多于男性。有趣的是，当男性被注射类似雌激素的荷尔蒙混合物后，他们对于眼睛测试的反应发生了改变，改变主要发生在焦点转移上。注射前,他们会看哪只眼睛是主视眼,而且他们还会去看眉毛,看眼睛是不是跟着眉毛蹙起来——他们对情感的接收能力和女性不在同一层面。但当从体外给他们注入一剂雌激素时,这些男性对于眼睛所呈现的情感状态的关注提升了。

新的研究表明,女性比男性更有共情力的原因非常微妙,主要源于荷尔蒙和环境之间的相互作用。同时,后天的教育在构建大脑的过程中也有很大影响,这种影响从婴儿期就开始了。

共情:再多一点培养

地上铺着一张软软的法兰绒毯子,四个玩具和一本婴儿书——那种婴儿喜欢放在嘴里咬的书——散落在四周。这个场景看上去像是托儿所或幼儿园,实际上,这是一个实验室。

一位妈妈把她的婴儿放在毯子上——屋里就他们俩。她轻声细语地哄着婴儿:"妈咪爱她的小兔宝宝。"她边说边爱抚着婴儿的脚尖,婴儿也咿咿呀呀地回应着妈妈。这时手机响了,她迅速看了一眼手机,婴儿抬起腿在

> **真 相**
>
> 由于女性的雌激素水平一生中都在变化,因此她们比男性更有共情力,更能读懂别人的感情。

空中踢了一下。"妈咪在这里。"她轻声喊到，并收起手机。接着她拿起一个玩具，"看看这个小狗，小狗对你说：你好。"她用玩具狗轻轻敲着婴儿的鼻子，婴儿咯咯笑了起来，伸出手去抓小狗。她把小狗藏在身后。"咦，小狗去哪儿了呢？"婴儿的眼睛瞪大了。"在这儿呢。"她说道，又拿着玩具狗轻轻敲了敲婴儿的鼻子。母子之间的这种互动又进行了一会儿，直到五分钟之后，摄像机关闭，妈妈带着婴儿离开了房间。

这位妈妈是100多名妈妈中的一位，她们带着自己的宝宝参与了一项研究，探索共情是如何培养起来的。[10] 这些妈妈们年龄在30多岁，她们的婴儿差不多都5个月大。等到她们的婴儿长到18个月大的时候，她们又回到实验室参加第二轮实验。当妈妈和小宝宝玩得不亦乐乎的时候，研究人员也正忙着记录下她们之间的互动：在摄像镜头中观察妈妈和宝宝说话的次数、妈妈对宝宝的关注程度、妈妈是否会伸手抱宝宝等。同时，研究人员也在观察着小宝宝们，看他们在和自己妈妈玩耍的时候会不会大笑，他们的心情如何，他们是不是经常微笑？

妈妈和宝宝玩耍时的参与程度给出了一个强有力的信号，这个信号可以从她们的唾液中检测出来。研究人员将妈妈和宝宝的唾液样本收集了起来，一年后他们又被邀请回实验室再进行测试。研究发现：

孩子：婴儿期是大脑发育的敏感时期。与后叶催产素生长相关的大脑部位非常活跃，而且对社会环境相当敏感。妈妈和宝宝玩耍时，如果妈妈参与度较高，宝宝身上的后叶催产素受体基因就会发生改变。

母亲：和宝宝一起玩耍时，妈妈的后叶催产素受体基因没有发生改变。这说明她的基因水准在成年阶段已经稳定。

在人类婴儿期，处于某种社会环境中的亲人照料会很大程度上影响一个人的共情力。无论是男性还是女性都能够受益于早期与母亲之间的亲子互动。所以，共情力其实是一种后天习得的技能。

如果你发现自己需要提升一下共情力，可以学习实验室里的做法，练习直视别人的眼睛，看看你是否能读出他们的情感。然后直接问他们：你现在是什么感觉？

另外一个办法是利用社交媒体。我的研究证明，使用社交媒体可以帮助女性培养更多的共情技能。[11]一般说来，愿意多花时间在社交媒体上发消息和评论的人都具有更高的共情力。你可以花一点时间，在社交媒体上给别人发一条消息，与他人建立联系，以此来练习培养共情，体会共情的力量。

重新定义共情

那么我们在工作中如何运用共情呢？工作中的共情有

点像金发女孩效应①,太多了,容易事与愿违;太少了,又会造成管理不善,要的就是恰到好处。最近的一项针对38个国家的近7,000名经理的调查研究发现,共情能力和工作表现之间成正比。[12]如果你能筹谋得当、平衡有道,那么在工作中既能拥有共情,又能赢得尊重。

如果你发现自己需要适当降低共情,可以重新考虑一下自己的首要任务是什么,将重心转移到最终目标上,而不是去照顾其他人的想法。这时你会发现,自己能够较为轻松地避免破坏性共情的发生。

> **真 相**
>
> 如果你能筹谋得当、平衡有道,那么在工作中既能拥有共情,又能赢得尊重。

事实上,共情并不是要被他人喜欢或去讨好别人,也不是去做个好好先生。相反,共情是一种真正理解他人的能力,是一种理解自己的行为会对他人造成何种影响的能力。

对这一点,科尔·哈吉姆-梦罗深有体会——她从小就在特立尼达岛和美国之间往返。在采访中她和我分享了自己是怎么和民族种族大相径庭的堂兄弟姐妹们一起成长的经历。这种从小和不同群体接触的经验帮助她学会从别人的角度来看待问题。

---

① 源自英国作家罗伯特·骚赛的儿童睡前故事《金发女孩和三只熊》。故事中金发女孩选择的事物都是最适合自己的,这种选择事物的原则因而被称为"金发女孩效应"。后指凡事行之有度,恰到好处,不超越极限。——译者注

后来她将这种能力运用到自己的工作中——她是一家名叫"下一站孟菲斯"的早教机构的主管。梦罗在工作中贯彻执行了提升共情的一个关键原则:倾听,而且经常倾听。倾听帮助她获得了不同的视角,获得了一种照顾别人观点的能力,社会心理学家发现这种能力特别重要。

人类天生就喜欢将自己分类,他们会在一个内部群体中按照文化、种族或兴趣爱好来找同类。这种行为被称作社会认同理论,你创建个人身份的基础是你自己所看重的社会维度。这种方法的好处就在于你会和一群相似的人建立联系,当然缺点在于如果你不属于一个特定的内部群体,那么要真正了解他们的源头就会很困难了。

运用不同的视角看待他人,需要你学会去思考和感受一个外部群体的思维,把自己看作是他们的一部分(所谓外部群体指的是你认为和自己相去甚远的群体)。在"下一站孟菲斯"工作之前,梦罗曾经和难民以及移民群体一起工作过。和他们一起共事的工作经历,加上从小跟着来自特立尼达岛的母亲一起长大的生活经历,培养了她用不同视角看待他人的能力。梦罗的努力使她跻身福布斯30岁以下精英榜前30位(2018年)。福布斯称,要进入这张榜单,比考进全美两所最严苛的大学——斯坦福和哈佛还要难。[13]

要能够站在他人的立场看问题,一个最有效的方法就是去倾听,心理学家称之为主动倾听。以下是几种可行性方法。

- 将注意力从自己的思绪中转移到别人正在说的内容上
- 不要用问题去填补谈话的空隙。有时候,沉默说明对方正在认真思索自己想要分享的内容
- 重复或者重新诠释一下对方刚说过的话(也就是说,你的意思是?)。一项研究显示,这种谈话方法看似简单,但却能够在说话者和听众之间建立起亲密感[14]

在另一项研究中,研究人员要求受访者连续三个月以上每天花半个小时有意识地从别人的视角来看待某件事。研究发现,这种做法能够提升"视角感",并引起人脑中与情感状态相关的区域的结构性变化。[15]

高莫兹也将"视角感"这种观点运用到实际工作中。后来我问她,你在工作中做决定时的驱动力是什么?她回答道:"作为领导,你得具备高情商。如果在谈话中一直都是我在主导,那么员工离开的时候就会感觉根本没有从谈话中得到自己想要的东西。慢慢地,我意识到,我需要找到其他同事的关注点。"

多年的工作经验终于让高莫兹了解到共情在工作中双刃剑的作用,共情泛滥会遮蔽双眼,只关注个人的情绪,看不到更远大的目标;共情太少,你就没法和团队建立起联系。这一章的小诀窍就是给你提供具体的方法来适时提升或降低自己的共情力,便于自己更好地驾驭它,更有效

地利用它。

总结：女性在工作中会表现出更多的共情，因为女性的价值观更倾向于社会化。但是共情也可能带来反作用，共情太多容易视野狭隘，过多关注某个人的痛苦，可能会牺牲他人的利益。共情不是去讨好别人，也不是去做好好先生，而是真正理解你的行为会对他人造成何种影响的一种能力。

女性的共情力并非天生超过男性，但是女性确实更善于表达共情，也更擅长捕捉到他人的情绪，这是先天和后天之间一种动态而微妙的相互作用。

用女性的方式思考

如果共情妨碍了你的工作，不妨改变一下自己的首要任务。将注意力从关注他人的情感上转移到最终目标上，以避免"破坏性共情"的产生。自我反省一下，你会不会出于想被他人喜欢的动机而改变自己的行为？还是说，你显示出的共情完全是自己内心的真实写照？

不过，培养共情力确实是需要练习的，这是一种我们需要后天学习的技能。以下是培养共情的一些小窍门：

1. **注视他人的眼睛**

   练习认真看着他人的眼睛，看看自己是不是能够读懂他们的情感，然后直接问他们"你现在是什么感觉？"

2. **积极倾听，培养他人视角**
   - 将注意力从自己的思绪中转移到别人正在说话的内容上。
   - 不要用问题去填补谈话的空隙。有时候，沉默说明对方正在认真思索自己想要分享的内容。
   - 重复或者重新诠释一下对方刚说过的话（也就是说，你的意思是……？）。

3. **在社交媒体上展现你的共情力**

   我在 TEDx 演讲中，给大家分享了社交媒体是如何提升共情力的实验。[16] 你会发现，当你花时间参与社交媒体活动，有意识地感谢那些你看不见摸不着的人时，你就能够运用共情、感受共情。

第十章

领导者的大脑

破除"女性必须运用男性的领导方式才能成功"的谬论

"女性要学会直接打断。这屋子里只有我一个人是女性,我老是被他们忽略。但是我坚持自己的话语权。"

我与马德琳·奥尔布莱特有两排的距离。她是美国历史上第一任女国务卿,也是当时的女性最高官。我转过头,朝我的朋友克里斯汀·荷恩笑了笑,内心觉得非常不可思议。确实,和这个房间里的每一个人一样,我好像被催眠了,不敢相信自己正在听奥尔布莱特做演讲。演讲中一个故事接一个故事,时间过得好快!她说到与世界领导人会面时，自己是怎样特意挑选胸针来传达特殊讯息。比如俄罗斯和车臣发生冲突那段时间，她和普京见面的时候佩戴了一个"三不猴"胸针（三只猴子分别捂住眼睛、耳朵和嘴巴，表示不看恶、不听恶、不说恶）；伊拉克侵略科威特后，她与萨达姆·侯赛因会面时带了一个蛇形胸针（采取强硬外交政策的象征）；等等①。

奥尔布莱特风趣幽默，甚至还带点自黑。但是当她给女性提建议时，却好像完全变了一个人似的。"我对我的学生说，不要在课上举手，直接打断。我的课堂就有点像动物园。"说完她哈哈大笑。她的话对我深有触动，因为我最近完成了一个对女性领导人调研的项目。我非常想了解关于领袖的认知会如何影响心理健康（此后我的研究就逐渐成形了）。

> **误 解**
>
> 女性必须用男性的方式才能做个好领导。

"你听我的，贝林达，如果你所有的时间都用来担心这担心那的，那永远也不可能做到这一行的顶端。你现在要做的就是推销，推销，还是推销。"[1] 这条建议是给女执行官贝林达·帕玛的，同时也被刊登在英国《卫报》上。

"听上去是不是像在模仿戈登·盖科？② 唉，大约10

---

① 奥尔布莱特喜欢在参加外交活动时，在上衣靠近左肩部别上一枚胸针。胸针是奥尔布莱特向对方传递自己情绪和外交意图的工具。——译者注
② 美剧《华尔街》中老谋深算的银行家，贪婪与欲望的象征。——译者注

年前,承蒙我老板(当时他是中层管理人员)的好意,送了我这一段'金玉良言'。跟着他,我常常有一种感觉,自己在情绪上是不是太瞻前顾后,所以做不好事情?我开始学着习惯穿黑色的套装,为的就是要模仿那些精明强干的商界人士;我复制粘贴商务执行官的形象,就是为了把自己打造成董事会欣赏的样子。"[2]

这可不是贝林达·帕玛一个人的故事。我在写这一章的时候,脑海里出现了一个又一个女性的形象。她们告诉我,为了在工作中能有精英范儿,她们是怎么学习男性的装扮、男性走路的样子,连说话时都用那些更"阳刚"的词汇。在每一个故事中,这些女性都希望自己能用更自然的方式当领导,那样感觉会更舒适。以下就是她们的观点:"他们(男性)的目标性太强了……我学起来太困难,因为我自己根本就不是那个样子。"

作为一名女性学术人,我也了解那种感觉。学术会议一般都由男性主导,这点我早就习惯了。尽管我是所在大学的最优秀级别的研究人员,但一位男同事告诉我,我不在晋升"考虑范围"之内。还好我不信这个邪,还是申请参评,最后评上了。

这一章的写作对我而言格外有趣。关于领袖气质,既然我们女性自己都对某些成见深信不疑,那么如何才能真正破除这些谬识呢?工作中有没有什么事物是我们一直坚持的,但实际上却妨碍了我们前行的呢?

自恋和自信

坐上领导位置需要具备什么特点？多项研究记录，男性特点占绝对优势。这些特点包括掌控力，求胜心和自恋。但是有了这些特点就意味着你是一个成功的领导吗？

像自恋这样的特点要给它贴个好或坏的标签固然很容易，但其实它也可以代表自信。至于它是否适应职场规则，则要看情况。比方说，研究证明，自恋度较高的人更容易在无人领导的团队中掌控大局。即便是阅人无数的职场观察家也认为，自恋者天生适合当领导，所以更有可能让他们坐上管理层的位置。[3] 在这种情况下，自恋适应职场，因而是积极的。

但是我发现，在女性的领导风格和自我欣赏之间，存在一种很特殊的情况，高度自恋往往和消极或逃避的领导风格呈正相关。这将会导致她们在工作中产生压力和过度疲劳。

当女性领导显示出自恋这种偏"男性化"的工作风格时——比如说认为自己永远是对的，永远要把自己置于关注的中心等，结果只会适得其反！实际上你用的是一种非常消极的领导风格，它只会让你感觉低效，而且压力倍增。在这种情况下，自恋不适应职场，所以是消极的。这是为什么呢？自恋者想坐领导的位置，是因为他们喜欢权力，喜欢掌控。但是，光凭这样，他们还不一定能成为好领导。优秀的领导要能够组建团队，在做决策时要优先考虑大多数人的利益，为完成远大目标而甘愿放弃私利。

自恋作风不适合女性的另外一个原因是：女性会因为孤芳自赏而受到比男性更苛刻的非议。一项荷兰的研究表明，表现出自我欣赏特质的女性领导常会被认为效率低下。[4]但有趣的是，这种评价都出于男性下属对女性上司。而就算女性领导表现出自恋倾向，女性下属也不会这样评价女性领导。可能这看上去不公平，但是无论是从男性下属还是女性下属的反馈来看，男性领导的自恋在工作中畅行无阻。

如果女性领导在工作中不能用那种自恋的作风，那么她们应该怎么做呢？纠正自恋的方法是自信，但是女性也一直被诟病不够自信。多项研究表明，男性通常都会过高估计自己的能力和执行力，而女性却会低估自己的这两种能力。但是，对男女能力的客观评价表明，两者在水平上没有差别。[5]

人们经常会提到的那个真实案例来自惠普公司。为了进一步了解为什么大多数女性都进不了公司高级管理层，惠普公司人事部检阅了员工的人事档案。结果发现，如果男性认为自己能够满足更高岗位要求的60%，他们就会提出晋升申请。与此相反的是，女性只有在相信自己能够百分之百满足职位需求时，才会提出申请。[6]也就是说，她们只有感觉自己有百分之百的能力完成某件事，才会感到自信！这太难了！难怪大多数女性都不申请高级职位。

女性的这种虽然有能力，但缺乏自信的表现在职场上十分普遍。我曾经为纽约市的一家媒体公司提供咨询，咨询工作的一部分是对公司几百名女性展开调查。结果发现，近一半的女性员工认为自己在工作中经常会有一种"不合格"的心理症状。由于缺乏自信，这些女性承受重压和工作满意度低的概率比他人高25%。

> **真相**
>
> 女性在职场上不如男性自信，尽管二者能力相当。

如果你读到这儿感觉颇有共鸣的话，或许现在就是你该重新掂量自信心的时候了。奥尔布莱特还在滔滔不绝地说着，你需要做的就是去打断她。打断她不是因为你想成为关注的焦点，或者你认为自己是对的，而是因为你对自己的声音很有自信，因为你知道自己有这种才能，因为你相信自己有能拿得出手的东西。

克里斯汀·荷恩深谙此道。她是"生命救助服务公司"的创始人兼首席执行官。一开始这只是一家州立公司，现在被她发展成了遍布全国的连锁企业。公司主营安全培训（如心肺复苏）和救命设备（如电击除颤器）。她的职责就是保证在紧急情况出现时，自己的员工随时得做好准备。

几年前我闲逛进一家空中健身工作室的时候，遇见了克里斯汀，她是这家健身房的老板。我当时还误以为自己报的是一个瑜伽班,其实不然,空中健身不是瑜伽。就这样,我们和高空吊环之间那一段爱恨交织的关系就此开启。而且在学习钢管舞的时候,我们也都特别有成就感!

克里斯汀心中一直牵挂的一项事业与肌营养不良症(一种基因紊乱症)有关。此前有一家机构邀请克里斯汀给他们做咨询,唤起公众对于这种疾病的意识,加强教育。当时她提出创建一个舞蹈应用程序,让大家活动起来。但董事会不信她。克里斯汀知道,这个办法对肌营养不良症患者来说肯定管用。她本人在49岁那年被诊断为肌营养不良,当时大夫告诉她,四五年内她就要开始用助步车了。一晃10年过去了,什么问题也没有。自从确诊之后,克里斯汀就经常去滑冰攀登、学风筝冲浪①、骑山地车。现在她是我所见过的空中健身运动爱好者中,体魄最强健的人之一!

就在那一刻,在会议室,克里斯汀用打断别人的方式,坚定地发出了自己的声音,提出了自己的观点,最后居然见效了!这个名为"现场舞挑战"的应用程序大获成功,掀起了一阵狂潮,让许多人都开始了解这家机构以及他们正在经营的支持肌营养不良症患者的事业。对克里斯汀而言,每在一个领域取得一次成功,就会助燃她尝试下一项新事业的自信心。

---

① 这是一项借助充气风筝,脚踩冲浪板的一种极具刺激和惊险的水上运动。
　　——译者注

你有没有克服过什么困难？那种曾经给过你自信、让你了解自己能力的困难？如果下一次，你发现事后才明白自己"本可以做成"的话，那么请停下来，认真思考一下你曾经成功完成的一件具体的事情。要对自己的方法满怀信心，大声说出来。此外，以下是其他一些能够帮助你建立信心的小诀窍：

- **做出强有力的姿势！**如果你准备参加的面试或个人陈述让你觉得没信心，来练习一下这个力量姿势。两手叉腰，双脚分开，距离与跨等宽，就像超人或神奇女侠那样，保持这个姿势两分钟。哈佛大学的研究人员发现，这个简单的动作可以减少超过25%的皮质醇（压力来源）。[7]研究显示，人们更愿意跟从那些自信满满的领导。所以，让我们来练习力量姿势吧！

- **充分调动右手力量！**如果你习惯用右手，那么在你和自己的团队、朋友或者另一半交流某个重要观点的时候，充分调动你的右手。为什么要这么做呢？斯坦福大学的研究人员发现，右撇子倾向用右手动作来表达积极正面的观点，左手动作表达消极负面的观点。左撇子则正好相反，他们更可能用左手来表示积极的观点。[8]所以，当你和习惯用右手的人交谈时，充分发挥右手功能。这样做，对方更可能认同你的观点。

你的领导风格

现在你已经知道怎样来展示自信了,接下来让我们来看一看要具备什么样的特质,才能让你成为一名成功的领导。我和我的学生茶洛·萨姆招募了将近400人,让他们在以下选项中找出自己的领导风格:

变革式风格

- 我会重新审视重要的设想,思考它们是否正确
- 我会帮助其他人发展

交易式风格

- 我很清楚当业绩目标实现的时候,员工希望得到什么
- 我会跟踪记录所有的错误

消极/逃避式风格

- 我等事态严重了才采取行动
- 我逃避做决定

现在告诉我，哪一对选项最能反映你的领导风格？

变革型领导：为人富有感召力，思想活跃，魅力超凡。这一类型领导的重要特征是，喜欢和别人一起合作达成目标。他们运用自己的社交技能和情商激励自己的团队充满干劲地投入工作。

交易型领导：专注于手头任务，保证自己下属的需求得到满足。根据员工完成工作的质量，为他们提供相应合理的回报。这一类领导热衷于设定标准，密切关注可能出现的错误，出现问题时会立即采取行动。

消极/逃避型领导：问题实在藏不住了才会采取行动。在某些场合，他们可能还会逃避领导身份。

如同大多数论题都有多种理论支撑一样，领导风格也不例外。你可能还听说过其他型的领导风格，比如威严型、放手型等。之所以挑选上述三种领导风格放在这一章里讨论，是因为他们在职场中最常见。

领导风格在工作中至关重要，以下是我的研究发现：女性领导如果属于消极逃避型，就更可能产生压力和过度疲劳感。有趣的是，男性领导并不如此。那么，为什么逃避反而会带来压力呢？这话听上去似乎和直觉相悖。但事实上，并不是领导身份带给女性更多压力或过度疲劳感，而是——作为一名领导，消极无为不利于你的心理健康。模仿男性领导风格对女性而言没有好处，反而常常会让你觉得很不自在。情况最糟糕时，你会被看作是一个没用、无效的领导。

与此相反，采纳"关系驱动型"领导风格（即变革型领导风格）的女性遭遇压力的概率较低。这种"关系驱动"方式往往更自然，因为这种方法源自社交中的相互作用，更关注发展人际关系。

其实领导风格并没有什么男女之分。重要的是去了解使用什么方法，何时使用这些方法。心理学家认为，领导风格不同于个人性格，它不是与生俱来的，也不会一成不变。什么时候应该是变革型？什么时候又应该是交易型？一名优秀的领导一定深谙此道。比方说，在需要团队合作的情况下，如果你一味强调自己的竞争优势，结果反而会弄巧成拙。

作为一名领导，克里斯汀·荷恩对此颇有心得，而且一直都是如此身体力行。她很早就知道，就算自己有再大的雄心抱负，再多才多艺，有时候董事会还是不听她的意见，就因为她是女的。克里斯汀告诉我这么一件事，那时她和她的前夫帕特克收购合并了另一家公司，当两人同时走进会议室时，团队的另一名高级领导肯恩直接无视她，第一时间将帕特克视作领导，同他商量对策。但是没过多久，帕特克和肯恩的领导风格就发生了冲突。

克里斯汀介入之后，决定使用更为变革型的方法。她不厌其烦地征求肯恩对公司决策的意见，而且经常表扬自己的团队。这种方法渐渐有了效果。不久之后肯恩就在其他董事会成员面前表扬她领导得好。就在前不久，公司成员对是否要执行某项决策举棋不定，董事会分成两派。在

> **真　相**
>
> 最好的领导风格就是能审时度势，考虑整个团队和公司需求的风格。

开讨论会时，肯恩明确表态，让大家都听一听克里斯汀对这个问题的看法。

作为领导，你可以问问自己：你能给团队提供什么贡献呢？回答很可能反映了你最自然的领导风格。不过，这一章并不是要给你提供任何模板去照做，而是要肯定你自己的做法。就像我的朋友克里斯汀那样，你很可能一直依循自己的本能行事，已经有了最适合自己团队的领导方法。那样就好。不过要记住，领导风格并非与生俱来，也不是一成不变。能够根据情况适当调整才是好领导。

总结：在职场中，尽管女性和男性同样能干，但前者自信不够。最佳的领导风格既不是男性化的，也不是女性化的，而是懂得什么方法适合以及何时使用这些方法。

用女性的方式思考

1. **远离消极/逃避型领导风格**
   这种方法会增加压力，导致过度疲劳。
2. **增强自信、展示自信**
   - 避免"当时不干，事后懊悔"。

- 关注自己的成功。
- 做出强有力的姿势。
- 在和自己的团队、朋友或者另一半交流某个重要观点的时候,充分调动你的右手。

尾　声

一切只是开始

终于到了最后，我要写结束语了。不过我希望阅读本书之后，于你而言一切只是开始——开始了解自己为什么会从事现在的工作，开始学习你作为女性的优势，并学习如何利用这些优势。

谬误的产生，本身就是文化发展的一个部分，特别是论及女性能做什么，不能做什么，什么是世人眼中的正常，什么又是不按常理出牌的时候，谬误的程度更甚。这些误解代表了一种真实存在的社会视角。我生长在马来西亚，少女时期去了美国中部，长大之后去了英国，后来又搬回美国。这些年来，关于我作为一名女性能做什么，不应该做什么，我听到过各种各样的偏见谬识。

尽管这些误解在社会认知中占据着重要地位，我还是想去了解误解之外的真相——关于女性能做什么，我们的大脑怎么说？

这本书代表了我追寻答案的历程，它在我的脑海中酝酿已逾三载。从某种程度上说，我写这本书是因为，我想为自己找到答案。

答案既得，我也想与更多人分享。首先，分享给我心理学课上的学生们。她们怀揣雄心抱负，努力改变命运，争取不一样的未来；其次，分享给我的客户们，她们青春年少，热情勃发，希冀着不一样的明天；最后，分享给读者诸君，是你们陪我走过这一程……

字里行间，点点滴滴，但愿我已经拉开尘封已久的帷幕，但愿你能够见识到自己的大脑是多么不同寻常，但愿你对它——这个无论在决策、领导、爱情以及更多方面都给予你独特优势的宝藏——多一份了解。同时，愿你多学习一些小窍门，最大程度发挥优势。以女性的方式来思考！

致　谢

上学第一天，老师在我的学生报告单上写道："崔西是个社交女王，一整天都在忙着从这张课桌转到那张课桌，是大家的开心果。"时间被按下快进键，一转眼好些年过去了，我并没怎么变，仍然喜欢到处和人谈天说地。每次交流，我都能有新的收获。

对于我这个喜爱社交的人来说，在疫情肆虐、人人保持社交距离的时期写下这本书尤其不容易。因此，我特别要感谢我生命中的后援团。他们中有些人与我素未谋面，只在社交媒体上与我有过交流，但他们给予我鼓励，分享自己的见解，还积极参与了我书中提及的投票。

我也想感谢我的朋友们，是他们拉着我去咖啡店，带我在清晨时分玩桨板冲浪。只要一有想法，我就立刻提出来咨询他们。本书尚未完成时已有一些朋友阅读了部分章节，在此感谢他们的参与，尽管展示一部半成品曾让我非常紧张。同时，感谢经常在电话那头陪伴我的伙伴们，每当我遇到瓶颈时，他们总能让我开怀大笑。在我最需要支持的时候，是这些正能量满满的朋友们给我鼓励，给我支持。

本书中的女性是我的灵感之源：克里斯汀·荷恩，伊登·肯达尔，科尔·哈基姆-梦罗和伊莲娜·高莫兹。你们是女性的楷模，感谢你们和我分享自己的故事。

我的经纪人亚历山大·菲尔德为我打开了新视野，感谢你！从我们第一次邮件联系开始，我便觉得，我想要通过这本书分享的内容，你完全都懂。我感到特别幸运能与哈珀柯林斯出版公司的宗德凡图书团队合作共事。我的编辑，斯蒂芬妮·史密斯总是在我身旁鼓励我、支持我，她周身散发的光芒和活力让我相信，创作中遇到的任何瓶颈都可以克服。感谢金·坦纳专业的编辑指引，在我深陷泥沼时，你总能温柔地伸手带我重返安全地带。感谢布里吉特·布鲁克斯和君尼提·麦克芳登犀利的市场洞察力，你们为我精心打造的风格与我想在书中分享的内容妙合无痕。

家人一直是我的坚强后盾，他们无数次地同我讨论、阅读我未经打磨的草稿、分享我每一阶段进展中的欢欣鼓舞。感谢你们对我的信任！

注 释

前 言

1. Cathy Benko and Bill Pelster, "How Women Decide," Harvard Business Review, September 2013, https://hbr.org/2013/09/how-women-decide.https://hbr.org/2013/09/how-women-decide.
2. Benko and Pelster, "How Women Decide."
3. Joyce Ehrlinger and David Dunning, "Attitudes and Social Cognition: How Chronic Self-Views Influence (and Potentially Mislead) Estimates of Performance," *Journal of Personality and Social Psychology* 84, no. 1 (2003): 5–17, https://pdfs.semanticscholar.org/1f54/81ffac7c9495782c423b3de8034d8d2acba5.pdf.
4. Tara Sophia Mohr, "Why Women Don't Apply for Jobs Unless They're 100% Qualified," *Harvard Business Review*, August 25, 2014, https://hbr.org/2014/08/why-women-dont-apply-for-jobs-unless-theyre-100-qualified.

第一章 压力之下的大脑

1. Ajay, " 'You Stole a Point from Me, You're a Thief Too': Naomi Osaka

Wins Serena Williams in US Open Final as She Slams Umpire I'm Not a Cheater," Sports Tribunal, September 9, 2018, https://sportstribunal.com/you-stole-a-point-from-me-youre-a-thief-too-naomi-osaka-wins-serena-williams-in-us-open-final-as-she-slams-umpire/.

2. "Serena Williams Goes Off on Umpire! Accuses Him of Sexism! Full Exchange," Raf Productions, September 8, 2018, YouTube video, 3:09, https://www.youtube.com/watch?v=GLcf9YqL8Ek.

3. Ted Osborn, "US Open Umpire Did the Right Thing, Serena Williams Just Had a Temper Tantrum," *South China Morning Post,* September 16, 2018, https://www.scmp.com/comment/letters/article/2164265/us-open-umpire-did-right-thing-serena-williams-just-had-temper.

4. Simeon Gholam, "Andy Murray Shows Off His Football Skills (with a Tennis Ball!) as He Trains Ahead of Wimbledon Quarter-Final Clash," *Daily Mail,* July 7, 2015, https://www.dailymail.co.uk/sport/tennis/article-3152344/Andy-Murray-shows-football-skills-tennis-ball-trains-ahead-Wimbledon-quarter-final-clash.html.

5. "Serena Williams Accuses Umpire of Sexism and Vows to 'Fight for Women,' " *Guardian*, September 9, 2018, https://www.theguardian.com/sport/2018/sep/09/serena-williams-accuses-officials-of-sexism-and-vows-to-fight-for-women.

6. Kaelen Jones, "Serena Williams Argues With Umpire, Receives One-Game Penalty During U.S. Open Loss," *Sports Illustrated*, September 8, 2018, https://www.si.com/tennis/2018/09/08/serena-williams-us-

open-umpire-i-dont-cheat-win-id-rather-lose-naomi-osaka.
7. "An Issue Whose Time Has Come: Sex/Gender Influences on Nervous System Function," *Journal of Neuroscience Research* 95, no. 1–2 (January/February 2017), https://onlinelibrary.wiley.com/toc/10974547/2017/95/1-2.
8. Amitai Shenhav and Joshua D. Green, "Moral Judgments Recruit Domain-General Valuation Mechanisms to Integrate Representations of Probability and Magnitude," *Neuron* 67 (August 26, 2010): 667–77, https://static1.squarespace.com/static /54763f79e4b0c4e55ffb000c/t/594d7f42cd0f68696be4db60/1498251082966/moral-judgments-recruit-domain-general-valuation-mechanisms-to-integrate-representations-of-probability-and-magnitude.pdf.
9. Liz Belilovskaya, "In Search of Morality: An Interview with Dr. Joshua Greene," *Brain World*, November 2, 2019, https://brainworldmagazine.com/in-search-of-morality-an-interview-with-joshua-greene/2/.
10. Manuella Fumagalli et al., "Brain Switches Utilitarian Behavior: Does Gender Make the Difference?," *PLoS One* 5, no. 1 (2010): e8865, https://doi.org/10.1371/journal.pone.0008865.
11. Jena McGregor, "The Rundown on Mary Barra, First Female CEO of General Motors," *Washington Post*, December 10, 2013, https://www.washingtonpost.com/news/on-leadership/wp/2013/12/10/the-rundown-on-mary-barra-first-female-ceo-of-general-motors/.
12. "Discovering the Glass Cliff: Insights into Addressing Subtle Gender

Discrimination in the Workplace," University of Exeter, accessed November 19, 2020, http://psychology.exeter.ac.uk/impact/theglasscliff/.

13. Joann Muller, "Exclusive: Inside New CEO Mary Barra's Urgent Mission to Fix GM," *Forbes*, June 16, 2014, https://www.forbes.com/sites/joannmuller/2014/05/28/exclusive-inside-mary-barras-urgent-mission-to-fix-gm/#7427e841c3a5.

第二章 冒险的大脑

1. "The Beast," Spartan, accessed October 19, 2020, https://race.spartan.com/en/obstacle-course-races/beast.
2. Eden Kendall, in discussion with the author, January 2020.
3. Thekla Morgenroth et al., "Sex, Drugs, and Reckless Driving: Are Measures Biased Toward Identifying Risk-Taking in Men?," *Social Psychological and Personality Science* 9, no. 6 (August 1, 2018): 744–53, https://doi.org/10.1177/1948550617722833.
4. James P. Byrnes, David C. Miller, and William D. Schaefer, "Gender Differences in Risk-Taking: A Meta-Analysis," *Psychological Bulletin* 125, no. 3 (May 1999): 367–83, https://doi.apa.org/doiLanding?doi=10.1037%2F0033-2909.125.3.367.
5. Sydney Lupkin, "The Hidden Costs of Extreme Obstacle Races," ABCNews, May 8, 2014, https://abcnews.go.com/Health/hidden-cost-extreme-obstacle-races/story?id=23625173.

6. Haddon Rabb and Jillian Coleby, "Hurt on the Hill: A Longitudinal Analysis of Obstacle Course Racing Injuries," *Orthopaedic Journal of Sports Medicine 6*, no. 6 (June 2018): https://journals.sagepub.com/doi/10.1177/2325967118779854.
7. Alvin Powell, "Where Runners Go Wrong," *Harvard Gazette*, February 23, 2016, https://news.harvard.edu/gazette/story/2016/02/where-runners-go-wrong/.
8. Hannah A. D. Heage and Tobias Loetscher, "Estimating Everyday Risk: Subjective Judgments Are Related to Objective Risk, Mapping of Numerical Magnitudes and Previous Experience," *PLoS ONE 13*, no. 12: e0207356, https://doi.org/10.1371/journal.pone.0207356.
9. Agam Bansal et al., Selfies: A Boon or Bane?," *Journal of Family Medicine Primary Care 7*, no. 4 (July-August 2018): 828–31, https://doi.org/10.4103/jfmpc.jfmpc_109_18.
10. George F. Loewenstein et al., "Risk as Feelings," *Psychological Bulletin 127*, no. 2 (2001): 267–86, https://doi.org/10.1037/0033-2909.127.2.267.
11. Eden Kendall, in discussion with the author, January 2020.
12. Christine R. Harris, Michael Jenkins, and Dale Glaser, "Gender Differences in Risk Assessment: Why Do Women Take Fewer Risks than Men?," *Judgment and Decision Making* 1, no. 1 (July 2006): 48–63, http://journal.sjdm.org/jdm06016.pdf.
13. Byrnes, Miller, and Schaefer, "Gender Differences in Risk Taking."
14. "Overcoming Obstacles with Rethreaded at The Spartan Race," News

4 Jax, February 21, 2020, https://www.news4jax.com/river-city-live/2020/02/21/overcoming-obstacles-with-rethreaded-at-the-spartan-race-river-city-live/.
15. "Overcoming Obstacles with Rethreaded at The Spartan Race."

第三章　浪漫的大脑

1. William R. Jankowiak and Edward F. Fischer, "A Cross-Cultural Perspective on Romantic Love," *Ethnology* 31, no. 2 (April 1992): 149–55, https://doi.org/10.2307/3773618.
2. Jankowiak and Fischer, "A Cross-Cultural Perspective."
3. Jankowiak and Fischer, "A Cross-Cultural Perspective."
4. Jankowiak and Fischer, "A Cross-Cultural Perspective."
5. Ty Tashiro, accessed October 30, 2020, http://tytashiro.com/the-science-of-happily-ever-after/.
6. Helen Fisher, Arthur Aron, and Lucy L. Brown, "Romantic Love: An fMRI Study of a Neural Mechanism for Mate Choice," *Journal of Comparative Neurology* 493, no. 1 (December 2005): 58–62, https://doi.org/10.1002/cne.20772.
7. Fisher, Aron, and Brown, "Romantic Love."
8. A. Bartels and S. Zeki, "The Neural Basis of Romantic Love," *Neuroreport* 11 (2000): 3829–834.
9. Sea Captain Date, https://www.seacaptaindate.com/about.
10. Fisher, Aron, and Brown, "Romantic Love."

11. Christopher J. Boyce, Alex M. Wood, and Eamonn Ferguson, "For Better or For Worse: The Moderating Effects of Personality on the Marriage–Life Satisfaction Link," *Personality and Individual Differences* 97 (July 2016): 61–66, https://doi.org/10.1016/j.paid.2016.03.005.

第四章　建立联系的大脑

1. John Barry, Martin Seager, and Belinda Brown, "Gender Differences in the Association between Attachment Style and Adulthood Relationship Satisfaction," *New Male Studies* 4, no. 3 (2015): 63–74.
2. Cindy Hazan and Phillip Shaver, "Romantic Love Conceptualized as an Attachment Process," *Journal of Personality and Social Psychology* 52, no. 3 (1987): 511–24, https://doi.org/10.1037/0022-3514.52.3.511.
3. Barry, Seager, and Brown, "Gender Differences."
4. V. Simard, E. Moss, and K. Pascuzzo, "Early Maladaptive Schemas and Child and Adult Attachment: A 15-Year Longitudinal Study," *Psychology and Psychotherapy* 84, no. 4 (2011): 349–66, https://doi.org/10.1111/j.2044-8341.2010.02009.x.
5. Karen M. Grewen et al., "Warm Partner Contact Is Related to Lower Cardiovascular Activity," *Behavioral Medicine* 29, no. 3 (Fall 2003): 123–30, https://doi.org/10.1080/08964280309596065.
6. Hidenobu Sumioka et al., "Huggable Communication Medium

Decreases Cortisol Levels," *Scientific Reports* 3, no. 3034 (2013): 1–6, https://doi.org/10.1038/srep03034.
7. Barry, Seager, and Brown, "Gender Differences."
8. Inna Schneiderman et al., "Oxytocin during the Initial Stages of Romantic Attachment: Relations to Couples' Interactive Reciprocity," *Psychoneuroendocrinology* 37, no. 8 (August 2012): 1277–285, https://doi.org/10.1016/j.psyneuen.2011.12.021.
9. Schneiderman et al., "Oxytocin during the Initial Stages."
10. Ruth Feldman et al., "Evidence for a Neuroendocrinological Foundation of Human Affiliation: Plasma Oxytocin Levels across Pregnancy and the Postpartum Period Predict Mother-Infant Bonding," Psychological Science 18, no. 11 (November 2007): 965–70, https://doi.org/10.1111/j.1467-9280.2007.02010.x.
11. Feldman et al., "Evidence for a Neuroendocrinological Foundation."
12. Jane Starr Drinkard, "A Therapist's Advice for Couples Isolating Together," The Cut, April 1, 2020, https://www.thecut.com/2020/04/couples-therapist-advice-isolating-with-partner.html.
13. Beate Ditzen et al., "Sex-Specific Effects of Intranasal Oxytocin on Autonomic Nervous System and Emotional Responses to Couple Conflict," *Social Cognitive and Affective Neuroscience* 8, no. 8 (December 2013): 897–902, https://doi.org/10.1093/scan/nss083.
14. Bianca P. Acevedo, "Neural Correlates of Long-Term Intense Romantic Love," *Social Cognitive and Affective Neuroscience* 7, no. 2 (February 2012): 145–59, https://doi.org/10.1093/scan/nsq092.

15. A. Aron et al., "Reward, Motivation and Emotion Systems Associated with Early-Stage Intense Romantic Love," *Journal of Neurophysiology* 93 (2005): 327–37.
16. Sandra Murray, John G. Holmes, and Dale Wesley Griffin, "The Benefits of Positive Illusions: Idealization and the Construction of Satisfaction in Close Relationships," *Journal of Personality and Social Psychology* 70, no. 1 (January 1996): 79–98, http://doi.org/10.1037/0022-3514.70.1.79.
17. Dirk Scheele, "Oxytocin Modulates Social Distance between Males and Females," *Journal of Neuroscience* 32, vol. 46 (November 14, 2012): 16074–79, https://doi.org/10.1523/JNEUROSCI.2755-12.2012.

第五章 "撒谎，撒谎，裤子烧光"

1. Tracy Packiam Alloway and Ross G. Alloway, "Working Memory Across the Lifespan: A Cross-Sectional Approach," *Journal of Cognitive Psychology* 25, no. 1 (2013): 84–93, https://doi.org/10.1080/20445911.2012.748027.
2. B. M. DePaulo, "Lying in Everyday Life," *Journal of Personality and Social Psychology* 70, no. 5 (1996): 979–95, https://doi.org/10.1037/0022-3514.70.5.979.
3. Neil Garrett et al., "The Brain Adapts to Dishonesty," *Nature Neuroscience* 19 (2016): 1727–732, https://doi.org/10.1038/nn.4426.
4. Artur Marchewka, "Sex, Lies and fMRI—Gender Differences in Neural

Basis of Deception," *PLoS ONE* 7, no. 8 (2012): e43076, https://doi.org/10.1371/journal.pone.0043076.
5. Maryam Kouchi and Laura J. Kray, " 'I Won't Let You Down:' Personal Ethical Lapses Arising from Women's Advocating for Others," *Organizational Behavior and Human Decision Processes* 147 (July 2018): 147–57, https://doi.org/10.1016/j.obhdp.2018.06.001.
6. DePaulo, "Lying in Everyday Life."
7. University of Granada, " 'Pinocchio Effect' Confirmed: When You Lie, Your Nose Temperature Rises," ScienceDaily, December 3, 2012, https://www.sciencedaily.com/releases/2012/12/121203081834.htm.

第六章　创意十足的大脑

1. Sarah Halstead (@sarahjhalstead), "Segment from All Together Now LA Telethon," Instagram video, April 28, 2020, https://www.instagram.com/p/B_h4l7ZBgJ9/.
2. Sarah Halstead, in discussion with the author, March 21, 2020.
3. Devon Proudfoot, Aaron C. Kay, and Christy Z. Koval, "A Gender Bias in the Attribution of Creativity: Archival and Experimental Evidence for the Perceived Association Between Masculinity and Creative Thinking," *Psychological Science* 26, no. 11 (2015): 1751–61, http://doi.org/10.1177/0956797615598739.
4. Sarah Halstead, in discussion with the author, March 21, 2020.
5. Elizabeth A. Gunderson et al., "Parent Praise to 1- to 3-Year-Olds

Predicts Children's Motivational Frameworks 5 Years Later," *Child Development* 84, no. 5 (September-October 2013): 1526–541, https://doi.org/10.1111/cdev.12064.

6. Roger E. Beaty et al., "Robust Prediction of Individual Creative Ability from Brain Functional Connectivity," *PNAS* 115, no. 5 (January 30, 2018): 1087–92, https://doi.org/10.1073/pnas.1713532115.
7. Sarah Halstead, in discussion with the author, March 21, 2020.
8. Anna Abraham et al., "Gender Differences in Creative Thinking: Behavioral and fMRI Findings," *Brain Imaging and Behavior* 8 (2014): 39–51, https://doi.org/10.1007/s11682-013-9241-4.
9. Patrick Cox, "This Is Your Brain on Improv," The World, May 24, 2018, https://www.pri.org/stories/2018-05-23/your-brain-improv.
10. Sarah Halstead, in discussion with the author, March 21, 2020.
11. Cox, "This Is Your Brain on Improv."

第七章　快乐的大脑

1. Gretchen Rubin, *The Happiness Project: Or, Why I Spent a Year Trying to Sing in the Morning, Clean My Closets, Fight Right, Read Aristotle, and Generally Have More Fun* (New York: HarperCollins, 2009), 14.
2. James A. Blumenthal, Patrick J. Smith, and Benson M. Hoffmann, "Is Exercise a Viable Treatment for Depression?," *ACSM's Health &*

Fitness Journal 16, no. 4 (2012): 14-21, https://doi.org/10.1249/01. FIT. 0000416000.09526.eb.

3. Daniel P. Johnson and Mark A. Whisman, "Gender Differences in Rumination: A Meta-Analysis," *Personality and Individual Differences* 55, no. 4 (2013): 367–74, https://doi.org/10.1016/j.paid.2013.03.019.
4. Nathanial M. Lambert, Frank D. Fincham, and Tyler F. Stillman, "Gratitude and Depressive Symptoms: The Role of Positive Reframing and Positive Emotion," *Cognition & Emotion* 26, no. 4 (2012): 615–33, https://doi.org/10.1080/02699931.2011.595393.
5. Prathik Kini et al., "The Effects of Gratitude Expression on Neural Activity," *NeuroImage* 128 (2016): 1–10, https://doi.org /10.1016/ j.neuroimage.2015.12.040.
6. Kini et al., "The Effects of Gratitude Expression."
7. Kini et al., "The Effects of Gratitude Expression."
8. Blumenthal, Smith, and Hoffmann, "Is Exercise a Viable Treatment?"
9. N. A. Coles, J. T. Larsen, and H. C. Lench, "A Meta-Analysis of the Facial Feedback Literature: Effects of Facial Feedback on Emotional Experience Are Small and Variable," *Psychological Bulletin* 145, no. 6 (2019): 610–51, https://psycnet.apa.org/doiLanding?doi=10.1037%2Fb ul0000194.

第八章　慷慨的大脑

1. Owen S. Good, "The Infamous Potato Salad Kickstarter Fulfills Its

Final Goal with This Cookbook," Polygon, July 17, 2016, https://www.polygon.com/2016/7/17/12208840/potato-salad-kickstarter-cookbook-zack-danger-brown.

2. Emily Thompson, "Potato Salad Guy and the Prank That Raised $55,000," *Columbus Monthly*, September 9, 2014, https://www.columbusmonthly.com/article/20140909/LIFESTYLE/309099535.

3. Zack Danger Brown, "Potato Salad," Kickstarter, August 16, 2016, https://www.kickstarter.com/projects/zackdangerbrown/potato-salad/.

4. Atellani, "Women on Kickstarter and the Power of Gender in Analytics," Medium, September 19, 2018, https://medium.com/@atellani/women-on-kickstarter-and-the-power-of-gender-in-analytics-f9a73cb7e030.

5. James Andreoni, Eleanor Brown, and Isaac Rischall, "Charitable Giving by Married Couples: Who Decides and Why Does It Matter?," *Journal of Human Resources* 38, no. 1 (Winter 2003): 111–33, https://doi.org/ 10.3368/jhr.XXXVIII.1.111.

6. James Andreoni and Lise Vesterlund, "Which Is the Fair Sex? Gender Differences in Altruism," *Quarterly Journal of Economics* 116, no. 1 (February 2001): 293–312, https://doi.rg/10.1162/003355301556419.

7. M. Parrett, "An Analysis of the Determinants of Tipping Behavior: A Laboratory Experiment and Evidence from Restaurant Tipping," *Southern Economic Journal* 73 (2006): 489–514, https://doi.org/10.2307/20111903.

8. Leonardo Christov-Moore and Marco Lacoboni, "Self-Other Resonance,

Its Control and Prosocial Inclinations: Brain–Behavior Relationships," *Human Brain Mapping* 37, no. 4 (April 2016): 1544–558, https://doi.org/10.1002/hbm.23119.

第九章　共情的大脑

1. Ron Carucci, "How to Use Radical Candor to Drive Great Results," *Forbes*, March 14, 2017, https://www.forbes.com/sites/roncarucci/2017/03/14/how-to-use-radical-candor-to-drive-great-results/?sh=466b59124e23.
2. C. Daniel Batson et al., "Immorality from Empathy-Induced Altruism: When Compassion and Justice Conflict," *Journal of Personality and Social Psychology* 68, no. 6 (1995): 1042–1054, https://doi.org/10.1037/0022-3514.68.6.1042.
3. Batson et al., "Immorality from Empathy-Induced Altruism."
4. Paul Bloom, *Against Empathy: The Case for Rational Compassion* (New York: HarperCollins, 2016), 96–97.
5. Elena Gomez, in discussion with the author, July 14, 2020.
6. Varun Warrier et al., "Genome-Wide Analyses of Self-Reported Empathy: Correlations with Autism, Schizophrenia, and Anorexia Nervosa," *Translational Psychiatry* 8, no. 35 (2018), https://doi.org/10.1038/s41398-017-0082-6.
7. Warrier et al., "Genome-Wide Analyses of Self-Reported Empathy."
8. Simon Baron-Cohen et al., "The 'Reading the Mind in the Eyes' Test

Revised Version: A Study with Normal Adults, and Adults with Asperger Syndrome or High-Functioning Autism," *Journal of Child Psychology and Psychiatry* 42, no. 2 (2001): 241–51, https://pubmed.ncbi.nlm.nih.gov/11280420/.

9. Baron-Cohen et al., "The 'Reading the Mind in the Eyes' Test Revised."
10. Kathleen M. Krol, "Epigenetic Dynamics in Infancy and the Impact of Maternal Engagement," *Science Advances* 5, no. 10 (October 16, 2019): eaay0680, https://doi.org/10.1126/sciadv.aay0680.
11. University of North Florida, "New Social Media Study Investigates Relationships among Facebook Use, Narcissism and Empathy," ScienceDaily, July 3, 2014, https://www.sciencedaily.com/releases/2014/07/ 140703102510.htm.
12. William A. Gentry, Todd J. Weber, and Golnaz Sadri, "Empathy in the Workplace: A Tool for Effective Leadership," Center for Creative Leadership, 2016, https://cclinnovation.org/wp-content / uploads/2020/03/empathyintheworkplace.pdf.
13. "The World Is Looking at These Young Indian Entrepreneurs to Shake Things Up," Rediff.com, November 16, 2017, https://www.rediff.com/getahead/report/achievers-forbes-30-under-30-class-of-2018-world-is-waiting-for-these-young-indian-entrepreneurs-to-shake-things-up/20171116.htm.
14. Harry Weger Jr., Gina R. Castle, and Melissa C. Emmett, "Active Listening in Peer Interviews: The Influence of Message Paraphrasing on Perceptions of Listening Skill," *International Journal of Listening*

24, no. 1 (2010): 34–49, https://doi.org/10.1080/10904010903466311.
15. Sofie L. Valk et al., "Structural Plasticity of the Social Brain: Differential Change after Socio-Affective and Cognitive Mental Training," *Science Advances* 3, no. 10 (October 4, 2017): e1700489, https://doi.org/10.1126/sciadv.1700489.
16. Tracy Alloway, "Facebook Fearless: How Social Media Can Be Good for You," TEDx Talks, December 12, 2016, YouTube video, 10:29, http://bit.ly/TEDxTracyPAlloway.

第十章　领导者的大脑

1. Belinda Parmar, "Can Empathy Really Work in a Business World Dominated by Testosterone?," *Guardian*, June 18, 2014, https://www.theguardian.com/women-in-leadership/2014/jun/18/empathy-secret-revolutionise-business.
2. Parmar, "Can Empathy Really Work?"
3. Ohio State University, "Narcissistic People Most Likely to Emerge as Leaders," ScienceDaily, October 10, 2008, www.sciencedaily.com/releases/2008/10/081007155100.htm.
4. Annebel H. B. De Hoogh, Deanne N. Den Hartog, and Barbora Nevicka, "Gender Differences in the Perceived Effectiveness of Narcissistic Leaders," *Applied Psychology* 64 (2015): 473–98, https://doi.org/10.1111/apps.12015.
5. J. Ehrlinger and D. Dunning, "How Chronic Self-Views Influence (And

Potentially Mislead) Estimates of Performance," *Journal of Personality and Social Psychology* 84, no. 1 (2003): 5–17, https://doi.org/10.1037/0022-3514.84.1.5.
6. Katty Kay and Claire Shipman, "The Confidence Gap," *Atlantic*, May 2014, https://www.theatlantic.com/magazine/archive/2014/05/the-confidence-gap/359815/.
7. Amy J. C. Cuddy, Caroline A. Wilmuth, and Dana R. Carney, "The Benefit of Power Posing Before a High-Stakes Social Evaluation," Harvard Business School Working Paper, No. 13-027, September 2012, https://dash.harvard.edu/handle/1/9547823.
8. D. Casasanto, "Embodiment of Abstract Concepts: Good and Bad in Right-and Left-Handers," *Journal of Experimental Psychology: General* 138, no. 3 (2009): 351–67, https://doi.org/10.1037/a0015854.